Sabrina Boileau
- Montréal, juin 1995.

Candide

(1759)

VOLTAIRE

12 sujets corrigés

• *Candide* : du conte traditionnel au conte philosophique • Optimisme et pessimisme • Religion et intolérance • La satire de la société • La quête du bonheur et le jardin • L'Eldorado • *Candide*, roman d'apprentissage • Les personnages comme marionnettes • Les procédés de la satire • Structure et rythme du récit • Point de vue et énonciation • L'impact culturel de *Candide*

MARIE-HÉLÈNE DUMESTE
agrégée des lettres

HATIER

SOMMAIRE

© HATIER, PARIS, JANVIER 1995 ISSN 0750-2516 ISBN 2-218-**1775-X**

**Titres à consulter
dans le prolongement de cette étude
sur *Candide***

Sur le problème du Mal

– Voltaire, *Candide* (« Profil d'une œuvre », **34,**
le problème du mal, chap. 3).

– Voltaire, *Candide* (« 10 textes expliqués », **104,**
le thème du Mal, chap. 8).

– Voltaire, *l'Ingénu* (« Profil d'une œuvre », **113,**
le problème du Bien et du Mal, chap. 9).

– Giono, *Un Roi sans divertissement*
(« Profil d'une œuvre », **105,**
la violence et le mal, chap. 4).

Sur la satire religieuse

– Montesquieu, *Lettres persanes*
(« Profil d'une œuvre », **83,**
contre le fanatisme religieux, chap. 8).

– Prévert, *Paroles* (« Profil d'une œuvre », **28,**
les mystifications de la religion, chap. 5).

– Molière, *Dom Juan* (« 10 textes expliqués », **110,**
le libertinage religieux de Don Juan, chap. 5 ;
le combat contre Dieu, chap. 7).

Sur l'humour et l'ironie

– Voltaire, *L'Ingénu* (« Profil d'une œuvre », **113,**
l'ironie et ses procédés, chap. 8).

1 Candide : **du conte traditionnel au conte philosophique**

Candide est maintenant considéré comme le meilleur « conte philosophique ». Ce genre littéraire, né au XVIIIe siècle, se distingue par plusieurs traits du conte traditionnel, tout en y ressemblant beaucoup. Ainsi Voltaire innove-t-il en utilisant une veine littéraire ancienne pour exprimer des idées philosophiques. Il crée un instrument de vulgarisation qui se révèle une arme efficace dans sa lutte contre tous les dogmatismes. = philosophies/religions qui rejettent le doute et la critique. → intolérance, sectarisme.

1. LES APPARENCES D'UN CONTE TRADITIONNEL

Un «récit fabuleux»

Telle est la définition donnée dans l'article « conte » de l'*Encyclopédie* (1754), qui indique que « son but est moins d'instruire que d'amuser ». Cette définition pourrait aussi s'appliquer au roman, dont *Candide* se rapproche par la longueur. Roman et conte s'apparentent à l'époque par leurs caractéristiques principales.

Il s'agit d'abord de récits rendus invraisemblables par le merveilleux ou l'accumulation d'actions rocambolesques. Ces éléments, issus du Moyen Age, apparaissent dans *Candide*. On citera l'irréalité de l'Eldorado, dont le sol est jonché de pierres précieuses (chap. 17-18), et l'incroyable série d'aventures vécues par le héros. Guerres, duels, fuites, voyages, piraterie, naufrages, morts ressuscités, tels sont les lieux communs du genre repris par Voltaire. Il donne aussi une place centrale à l'amour, avec les séparations, les retrouvailles, les infidélités, le mariage final. Le personnage de la « vieille » entremetteuse qui réunit les amants (chap. 7) est ancien. Le procédé des récits insérés dans la trame romanesque vient des romans baroques du XVIIe siècle : *L'Astrée* d'Honoré d'Urfé ou la *Clélie* de Mlle de Scudéry.

Dans *Candide*, on notera les récits de la vieille (chap. 11-12), de Cunégonde (chap. 8), du baron (chap. 15), de Martin (chap. 20).

Des emprunts très variés

En fait, Voltaire s'inspire pratiquement de toutes les formes prises par le conte à partir des éléments de base évoqués ci-dessus. En effet, jusqu'au XIXe siècle, ce genre, contrairement au théâtre ou à la poésie, n'obéit pas à des règles précises. Très malléable, il est donc extrêmement diversifié. *Candide* a la particularité de réunir la plupart de ses tendances.

Il reprend ainsi la tradition du conte oriental, largement imité en France depuis la traduction des contes arabes des *Mille et Une Nuits* par Galland au début du XVIIIe siècle. L'arrivée de Candide et de Cacambo en Eldorado (passage dans une grotte où coule une rivière, chap. 17) rappelle le sixième voyage de Sindbad le marin. L'évocation de la Turquie, avec ses fruits exotiques et ses cruelles intrigues de palais, relève de la même veine exotique (chap. 30).

Les recettes du roman picaresque n'échappent pas non plus à notre auteur. Importé de l'Espagne par Lesage avec son *Gil Blas de Santillane* (1735), ce type de roman narre la vie mouvementé d'un « picaro », aventurier pauvre, en lutte contre la faim et les brigands. Souvent débrouillard, il gravit et descend l'échelle sociale, devient parfois riche puis retombe dans le dénuement. Candide et Cacambo ont des traits qui les rapprochent de ce personnage. Le cadre hispanique de plusieurs chapitres correspond également à ce genre. Cacambo endosse, en outre, le rôle du valet malin qui aide un maître moins habile, rôle que l'on retrouve souvent dans la littérature espagnole.

Le roman picaresque préfigure d'ailleurs, par certains aspects, le roman réaliste, qui se répand au XVIIIe siècle, rompant avec la tradition du roman héroïque ou la parodiant.

Les personnages ne sont pas des nobles poursuivant un idéal chevaleresque. Ce sont des bourgeois ou des déclassés aux prises avec les nécessités les plus matérielles, voire les plus sordides.

Enfin, *Candide* reprend dans les chapitres 17 et 18 la veine de l'Utopie (voir la question 6, sur l'Eldorado, p. 35). Il se rapproche du roman d'apprentissage (voir p. 42, la question 7). Il ressemble au roman libertin, qui au XVIIe siècle mêle anecdotes grivoises, peinture satirique de la société et réflexions philosophiques. Cette dernière forme remontait, en fait, au conte satirique médiéval (*Le Roman de Renart*) et au conte rabelaisien. Mais Voltaire s'avance davantage dans cette voie, par la critique systématique d'un système philosophique précis.

2. LES ÉLÉMENTS PHILOSOPHIQUES

Au XVIIIe siècle, le sens du mot « philosophie » est large. Il englobe la métaphysique, qui s'interroge sur la nature de Dieu, du monde et de l'homme. Il s'étend aussi aux conséquences des découvertes scientifiques, à l'étude des systèmes politiques et sociaux, aux règles morales. *Candide* offre une palette de ces préoccupations.

La présence de la métaphysique

Jusqu'à Voltaire, le conte ou le roman contiennent parfois une morale implicite ou une conception du monde, mais il n'ont jamais de contenu vraiment philosophique. *Candide*, au contraire, se distingue par l'omniprésence d'un débat métaphysique. Son titre, *Candide ou l'Optimisme*, évoque d'ailleurs clairement les thèses de penseurs du XVIIe et du XVIIIe siècle, Leibniz, son disciple Wolf, ou le poète anglais Pope.

Pangloss et Martin personnifient l'un l'optimisme, l'autre le pessimisme. Le premier insiste sur « la raison suffisante » et l'enchaînement nécessaire des événements. L'autre emploie moins le jargon philosophique, mais ses thèses relèvent du manichéisme, théorie selon laquelle le Bien et le Mal se partagent le monde. Les réflexions inspirées par le désastre de Lisbonne (chap. 5) reprennent une polémique historique, qui opposa les tenants du « tout est bien » aux intellectuels choqués par l'injuste cruauté de ce cataclysme.

On trouve également des allusions au philosophe Hobbes, dont la célèbre phrase : « L'homme est un loup pour l'homme » est quasiment citée par Pangloss (chap. 4). Le chapitre 16, sur les Oreillons, est une réponse au *Discours sur l'origine de l'inégalité* de Jean-Jacques Rousseau, qui affirmait, comme Candide à cette occasion, que « la pure nature est bonne ».

En outre, les héros passent une grande partie de leur temps à discuter des grands problèmes métaphysiques. Ils le font au château, lors des leçons de Pangloss (chap. 1), après le tremblement de terre de Lisbonne (chap. 5) ou durant leurs voyages en bateau (chap. 21 et 23). La quête de Candide, qui cherche à comprendre le monde puis à trouver les voies du bonheur, est celle d'un philosophe.

La critique de la métaphysique

Pour critiquer les théories métaphysiques, Voltaire utilise constamment le même procédé. Il fait exposer ces théories par un personnage, puis montre que les événements les contredisent. L'auteur se livre ainsi à une véritable démonstration. Les discours optimistes de Pangloss sont démentis par l'accumulation des malheurs qui s'abattent sur les héros. Le pessimiste Martin pense que Cacambo ne tiendra pas sa promesse de retrouver Candide à Venise (chap. 24). Pourtant, le valet sera au rendez-vous (chap. 26). Enfin, Voltaire propose, à la fin du conte, une morale qui lui est propre et qui l'amène à rejeter toutes les métaphysiques. Au dernier chapitre, Candide refuse de raisonner sur la nature de l'âme et du monde. Il préfère trouver le bonheur par l'action, symbolisée par le travail du paysan qui cultive son jardin.

Les autres aspects de la philosophie

Le conte aborde quasiment tous les domaines de réflexion du XVIIIe siècle : intérêt pour la science, critique des excès de la religion, réflexion politique, satire sociale.

Au chapitre 21, Candide interroge Martin sur une théorie scientifique qui affirme que la terre a été originairement une mer. Les chapitres 3 (guerre des Abares et des Bulgares) et 23 (mort de l'amiral anglais, guerre du Canada) fustigent la façon dont les gouvernements conduisent les guerres. L'Eldorado donne un exemple d'idéal de société et de tolérance (chap. 17-18). La rencontre avec le nègre de Surinam (chap. 19) est l'occasion de dénoncer la pratique de l'esclavage. L'ensemble du conte stigmatise l'intolérance religieuse et l'appétit de pouvoir qu'ont certains membres du clergé (les pères jésuites au Paraguay, chap. 14). Voltaire se moque également de ceux qui idéalisent l'amour au point de le considérer comme « le consolateur du genre humain, le conservateur de l'univers, l'âme de tous les êtres sensibles » (chap. 4).

3. PARTICULARITÉS DU CONTE PHILOSOPHIQUE

La légèreté du conte traditionnel et le sérieux de l'œuvre philosophique paraissent s'opposer. L'originalité de *Candide* est de les mélanger. Voltaire poursuit ainsi un double but : vulgariser et lutter contre les vices.

La vulgarisation

Mêler fiction et réflexion savante permet de toucher un large public en transmettant des idées sous une forme plaisante. À partir de 1739, Voltaire utilise souvent le conte pour faire connaître ses idées. La vivacité du récit, les épisodes lestes, la parodie des romans picaresques, exotiques ou sentimentaux lui assurent un bon accueil du public. *Candide* correspond parfaitement à cette recette. L'une des théories les plus complexes du XVIIIe siècle, l'Optimisme, y est incarnée dans des personnages et des péripéties multiples.

Une arme redoutable

Le conte bénéficie d'autres avantages. Considéré comme un genre mineur, rarement signé, il autorise toutes les audaces. Voltaire n'a déclaré sous son nom qu'un seul de ses contes, *Micromégas*. Cet anonymat lui permettait d'échapper à la censure et à la prison.

Le conte se prête aussi au procédé qui consiste à montrer le monde à travers un personnage naïf. Sans préjugé mais au raisonnement correct, celui-ci s'étonne des injustices ou des incohérences du monde. Les *Lettres persanes* de Montesquieu, les *Voyages de Gulliver* de Swift avaient montré cette voie à Voltaire, qui la reprend dans ses *Lettres philosophiques* pour décrire l'Angleterre, et dans de nombreux contes. *Candide* illustre bien cette méthode : jeune homme « au jugement assez droit », il est choqué par l'Inquisition ou l'esclavage. Incité à s'identifier au héros, le lecteur finit par s'étonner d'aberrations que le conformisme lui faisait accepter.

En outre, le conte se mue facilement en pamphlet. Il caricature les personnes réelles sous un voile protecteur mais facilement reconnaissable (au chap. 19, Vanderdendur reprend le nom d'un éditeur hollandais avec lequel Voltaire avait eu maille à partir). Il les mêle à des personnages fictifs qui font la synthèse de divers vices. Il attaque de même les institutions françaises, par exemple en les transposant sous des apparences turques.

L'auteur joue donc de toute une gamme d'émotions. Le rire provoqué par le ridicule de Pangloss condamne l'Optimisme que défend ce personnage. La révolte et la douleur causées par la situation du nègre de Surinam (chap. 19) dénoncent l'esclavage. Les abus auxquels se livre le clergé jettent la suspicion sur l'Église : les jésuites à Lisbonne (chap. 6) et au Paraguay (16), les religieux obsédés sexuels (le cordelier du chap. 4) ou voleurs (le cordelier du chap. 13), les coquineries de l'abbé périgourdin (chap. 22).

Candide présente donc une synthèse réussie de deux catégories littéraires a priori contradictoires : la fiction plaisante et la réflexion savante. Cette synthèse crée un nouveau genre, le conte philosophique, dont *Candide* est le chef-d'œuvre.

2 Optimisme et pessimisme: le problème du Mal

Le titre, *Candide ou l'Optimisme*, montre que le véritable sujet du conte est philosophique. Dans le débat qui, depuis l'Antiquité, oppose les penseurs sur le problème du Mal, Voltaire prend parti. Il critique une thèse alors à la mode, l'Optimisme, et propose une autre voie.

1. LA QUERELLE DE L'OPTIMISME

Le contexte: le problème du Mal

L'existence du mal physique (maladie, catastrophes naturelles) ou moral (vices humains) est une énigme qui a suscité toutes sortes de réponses, parmi lesquelles figure l'optimisme. Candide, obsédé par ce problème, rencontre sur son chemin ces différentes thèses.

La première réponse vint des théologiens chrétiens, qui tentèrent de concilier l'existence du Mal avec celle d'un Dieu parfait et bon. Pour eux, la cause du Mal est le péché : l'homme choisit librement de mal agir, il en est puni et Dieu est innocent des malheurs qui nous frappent.

Mais comment expliquer, alors, qu'un homme juste subisse des épreuves, ou qu'un tremblement de terre ébranle une cité où vivent à la fois les bons et les mauvais ? Un catholique comme Bossuet répond au XVIIe siècle dans son *Discours sur l'Histoire universelle* : Dieu, en fait, mène le monde vers une fin heureuse, et les maux sont une composante nécessaire à cette évolution, dont le sens nous échappe. En effet, la bonté de Dieu ne peut être expliquée, elle dépasse l'entendement humain et doit faire l'objet d'une croyance aveugle, d'une foi. On retrouve un écho de ces idées dans la *Lettre* envoyée par Jean-Jacques Rousseau à Voltaire, le 18 août 1756, après le désastre de Lisbonne, et dans la parabole du derviche au chapitre 30 de *Candide*.

L'optimisme

Au XVIIIe siècle, des philosophes, catholiques ou protestants, tentent au contraire de donner une explication entièrement rationnelle de l'action divine. Dieu, affirme Leibniz dans sa *Théodicée* (1710), est bon, car il a créé le meilleur monde possible. En effet, l'acte de création ne peut être parfait (seul Dieu est parfait). Mais si l'univers créé est globalement parfait, certaines de ses parties ou de son évolution restent imparfaites, c'est-à-dire touchées par un mal nécessaire au triomphe du bien. Ainsi s'explique la célèbre formule « Le Tout est bien ». Leibniz –ou son disciple Wolf– s'emploient à prouver cette théorie par le raisonnement des causes finales : toute action, tout mal fait partie d'un enchaînement rigoureux de faits qui conduisent à un bien. De nombreux échos de ces thèses se retrouvent dans les discours de Pangloss, souvent reproduits par Candide.

Les autres théories

A l'optimisme s'oppose le pessimisme, mais ce terme n'apparaît qu'au XIXe siècle. En fait, l'optimisme a deux sortes de contradicteurs : certains restent déistes (ils continuent à croire en Dieu), d'autres sont athées (ils nient l'existence de Dieu).

Parmi les déistes, les protestants croient à l'absence de liberté humaine : Dieu prédestine les hommes soit au salut, soit à la damnation, quels que soient leurs actes. Les causes de son choix nous échappent entièrement. Les jansénistes (dont l'écrivain Blaise Pascal) sont des catholiques très proches du protestantisme. S'y ajoutent les manichéens, représentés dans le conte par Martin. Ils pensent que s'affrontent deux puissances, l'une bonne (Dieu), l'autre mauvaise (le Diable). Cette dernière est en général victorieuse, ce qui explique l'omniprésence du Mal.

Un autre courant de pensée s'oppose à l'optimisme, celui des athées. Pour eux, il n'existe pas de Dieu ni d'organisation bonne ou mauvaise du monde, tout s'explique scientifiquement par des mécanismes qui n'ont pas de rapport avec la morale. Les phénomènes naturels n'ont rien à voir avec une punition divine. Le Mal moral n'est que le résultat des libres actions de chacun, bonnes et mauvaises. La querelle entre pessimisme et optimisme n'a donc pas lieu d'être. L'athéisme se trouve chez les libertins du XVIIe siècle et chez certains philosophes du XVIIIe siècle. L'expression de leurs thèses est très discrète, car le christianisme tout-puissant cherche à étouffer leurs voix par la répression ou la censure.

2. LA CRITIQUE DE L'OPTIMISME PAR VOLTAIRE

Le Mal est un scandale

Durant toute sa vie, Voltaire, comme tant de ses contemporains, s'est interrogé sur la question centrale du Mal. Dans sa jeunesse, son tempérament l'a poussé vers l'optimisme. Il l'exalte, par exemple, dans son poème *Le Mondain* et le défend à plusieurs reprises contre le pessimisme de Blaise Pascal. Mais, à l'époque de *Candide*, une longue série de malheurs collectifs ou personnels ont remis en cause ses certitudes.

Il faut savoir que, dans les années 1750, le débat sur l'optimisme est à son comble. Les disciples de Leibniz, comme Wolf ou l'Anglais Pope, ont vulgarisé et systématisé ses idées. La plupart des amis de Voltaire sont des optimistes. En 1753, l'Académie de Berlin propose comme sujet de réflexion l'analyse de la proposition « Tout est bien ». Le prix est décerné à la dissertation d'un leibnizien. Mais le tremblement de terre de Lisbonne (1755) puis la guerre de Sept Ans entre la Prusse et d'autres pays européens (1756-1763), provoquent une crise intellectuelle en Europe. Voltaire échange de nombreuses lettres à ce sujet. Il écrit également le *Poème sur le désastre de Lisbonne*, qui exprime le choc ressenti par la mort incompréhensible et injuste de dizaines de milliers d'innocents.

Jusque-là, Voltaire se satisfaisait des explications rationnelles du Mal, censé se transformer en Bien grâce à la volonté divine. Mais maintenant, il ne supporte plus la violence et le malheur : les raisonnements ne le consolent pas, le Mal est un scandale injustifiable. Sensible presque physiquement à la souffrance d'autrui, éprouvé lui-même, Voltaire est choqué à la fois par les manifestation du Mal et par l'optimisme. Celui-ci prétend, en effet, l'enfermer dans un raisonnement rigoureux, mais ignorant des souffrances humaines.

La satire de l'optimisme

C'est pourquoi la satire voltairienne de l'optimisme sera aussi violente que sa révolte devant le Mal et ses partisans. La force de persuasion de *Candide* consiste à rendre les optimistes ridicules en montrant la contradiction entre une réalité horrible et les discours théoriques de Pangloss. Par exemple, au chapitre 4, le précepteur, ressuscité à grand-peine du massacre du château, défiguré par une maladie, sans ressources, professe que chacun de ces maux est « indispensable dans le meilleur des mondes ». Le discours optimiste (« plus il y a de malheurs particuliers, et plus tout est bien », chap. 4) précède une tempête, un naufrage, un tremblement de terre. Au chapitre 28, après avoir été pendu, disséqué, roué de coups, Pangloss dit : « Je suis toujours de mon premier sentiment [...] il ne me convient pas de me dédire, Leibniz ne pouvant avoir tort ».

Pour mettre les rieurs de son côté, Voltaire caricature ses adversaires, en déformant leur pensée. En fait, il explore les limites extrêmes du système. Pangloss soutient par exemple que « plus il y a de malheurs particuliers, et plus tout est bien » (chap. 4). Le précepteur va ici plus loin que les optimistes qui tentaient simplement d'expliquer le Mal, et non d'en faire l'éloge à ce point. Pangloss est un égoïste insensible : il empêche Candide de sauver leur bienfaiteur Jacques, puis il pérore au lieu de secourir son élève blessé lors du tremblement de terre (chap. 5). Ce personnage antipathique est un pantin sans cœur et sans véritable intelligence.

3. LA VOIE PROPOSÉE PAR VOLTAIRE

Le refus du pessimisme

La critique de l'optimisme dans *Candide* ne s'accompagne pas de la défense d'une autre des grandes tendances alors soutenues par les intellectuels.

Le pessimisme ne trouve pas grâce aux yeux de Voltaire, qui se refuse à croire que le Mal dirige le monde. Mais *Candide* est sans doute le conte où Voltaire se rapproche le plus du pessimisme. On y trouve même la tentation du suicide (chap. 24 : « Cunégonde est morte sans doute, je n'ai plus qu'à mourir »). Martin est indéniablement moins ridicule que Pangloss et plus lucide sur le monde. Mais son extrémisme ne tient pas suffisamment compte du Bien qui, malgré tout, existe sur la terre, et de l'appétit de bonheur des hommes. Comme Pangloss l'optimiste, Martin le pessimiste est contredit par la réalité lorsqu'il affirme que tout va mal, que Cacambo ne sera pas fidèle à son maître, ou que celui-ci ne retrouvera pas Cunégonde (chap. 24 puis 26).

Le refus de toutes les métaphysiques

La principale leçon du conte tient dans le refus des controverses philosophiques, qui ne servent à rien et causent plus de mal que de bien.

L'Eldorado, qui occupe une place centrale dans le conte, et qui représente d'une certaine façon le meilleur des mondes possibles, est peuplé d'habitants qui croient en Dieu, mais se contentent de le remercier de ses bienfaits. Il s'agit d'une religion sans prêtres, sans disputes sur la nature exacte de Dieu, du Bien ou du Mal. Tous les hommes y sont du même avis, et remercient en musique un Dieu généreux, qui leur a donné le bonheur.

Bien sûr, il s'agit d'une utopie, d'un monde qui est trop beau pour exister, car le Mal n'y a pas sa place. Mais la petite métairie de la fin du conte reproduit un peu cette harmonie rêvée. Elle rassemble en effet un optimiste, un manichéen, un frère théatin devenu musulman, et ces hommes vivent ensemble sans se battre. A défaut d'une croyance unique, Voltaire pense que la tolérance peut réunir les êtres les plus dissemblables autour de quelques idées simples, et que là réside l'essentiel.

Un passage, surtout, plaide pour le refus des métaphysiques : peu avant de décider de « cultiver [son] jardin », Candide reçoit la leçon du derviche turc, qui lui conseille de ne pas chercher à comprendre comment marche l'univers : « Qu'importe [...] qu'il y ait du mal ou du bien. Quand Sa Hautesse envoie un vaisseau en Égypte, s'embarrasse-t-elle si les souris qui sont dans le vaisseau sont à leur aise ou non ? » (chap. 30). Les hommes sont les souris, Dieu est comme le grand sultan de Turquie. Les desseins du second échappent entièrement aux premiers, dont toutes les spéculations ne mènent à rien. Il ne leur reste plus qu'à se bâtir un petit bonheur à leur mesure, en s'écartant des violences humaines, comme le fait le bon musulman cultivateur, rencontré ensuite.

En imposant le silence à Pangloss, Candide ne nie pas entièrement l'idée d'une Providence. Mais il reconnaît que le détail des volontés divines reste impénétrable et ne présente aucun intérêt pour l'homme. Celui-ci doit se contenter de souffrir le moins possible, et pour cela, il doit prendre son bonheur en main. La principale rupture avec l'optimisme est dans ce volontarisme pragmatique.

Candide représente une étape capitale dans la réflexion philosophique de Voltaire, qui, devant les catastrophes de son temps, renonce à l'optimisme au point de le combattre. La réponse donnée dans le conte n'est pas définitive : Voltaire continuera à osciller entre optimisme et pessimisme. Mais le mérite de son œuvre est d'avoir exposé, avec acuité, l'un des problèmes les plus importants posé à l'homme.

3 Religion et intolérance

« Écrasons l'Infâme », disait souvent Voltaire pour inciter à la révolte contre les abus des religions. Dans *Candide*, la satire frappe les vices et l'appétit de pouvoir des clergés, ainsi que l'intolérance. Mais le conte propose également un modèle de religion.

1. LA SATIRE DU CLERGÉ

Les vices moraux

Dès le Moyen Age, les fabliaux dénoncèrent certains religieux voleurs, gourmands, coureurs de jupons, qui ne respectaient pas les vertus prônées par le Christ ou l'Église. Voltaire reprend cette tradition, en l'étendant à tous les cultes issus de l'Ancien Testament.

Dans *Candide*, juifs, chrétiens et musulmans commettent allégrement tous les péchés. Les soldats jésuites tuent (chap. 14), un imam cruel persuade les janissaires turcs de manger la fesse de leurs prisonnières (chap. 12), l'abbé périgourdin dupe Candide (chap. 22), un cordelier vole Cunégonde (chap. 10). Les juifs sont représentés par le colérique Issachar (chap. 9) et par des fripons (chap. 30). Il n'est pas dit qu'il s'agit de membres du clergé, mais Issachar était le nom d'un rabbin dans un roman, *les Femmes de mérite*, antérieur à *Candide*.

Voltaire, comme dans les fabliaux, insiste particulièrement sur la luxure : le Grand Inquisiteur convoite Cunégonde (chap. 8), la vieille est la fille d'un pape (chap. 11), un cordelier abuse de Paquette, qui se prostitue ensuite à des prêtres (chap. 24), etc.

Les relations avec le pouvoir

La religion relève du domaine spirituel, et ne devrait pas, si l'on suit les préceptes du Christ, se mêler du pouvoir temporel, c'est-à-dire du pouvoir politique ou économique. Pourtant l'Église catholique, et tout particulièrement les jésuites, a des relations étroites avec les princes et la richesse.

Au Paraguay, les pères jésuites passent pour avoir créé un véritable royaume, qui entre en guerre avec celui d'Espagne. Ils ont des plantations prospères où ils exploitent durement les Indiens (chap. 14). Voltaire savait que la réalité historique était plus nuancée, comme le montre son *Essai sur les mœurs*, où il reconnaît que les jésuites ont souvent protégé les Indiens contre la cruauté des colonisateurs européens. Mais la satire ne se prête pas aux nuances.

Dans *Candide*, la religion encourage la guerre. Les rois abare et bulgare « faisaient chanter des *Te Deum,* chacun dans son camp », c'est-à-dire des prières remerciant Dieu pour son aide au combat (chap. 3). Au Maroc, les musulmans s'entre-tuent « sans qu'on manquât aux cinq prières par jour ordonnées par Mahomet » (chap. 11).

La religion est également complice de l'esclavage : le nègre de Surinam observe que, d'un côté, les prêtres chrétiens déclarent que « nous sommes tous enfants d'Adam, blancs et noirs », et que, de l'autre, ils laissent les catholiques traiter les Africains plus mal que des bêtes (chap. 19) et profiter de leur travail pour s'enrichir.

Le destin de frère Giroflée offre un autre exemple des liens entre argent et religion. Comme souvent à l'époque, où l'héritage familial n'est donné qu'à l'aîné des enfants, les cadets des riches, auxquels ils est interdit d'avoir un métier à cause de leur condition noble, sont contraints d'entrer dans le clergé, donc de rester célibataires, voire enfermés dans un couvent (chap. 24).

2. L'INTOLÉRANCE

Pour Voltaire, le crime le plus grave est l'intolérance, qui conduit à mépriser ou tuer ceux qui ne pensent pas comme soi, qu'il s'agisse de sectes internes à une religion, ou de conflits entre religions.

Une cible privilégiée: l'Inquisition

L'Inquisition, à l'époque de Voltaire, détient la palme de cette intolérance. Cette procédure de justice de l'Église était dirigée contre les autres religions, mais aussi contre les doctrines ou attitudes déviantes au sein du christianisme. Née en Italie au XIIe siècle, elle s'implanta en France, puis au XVe siècle en Espagne, où sa cruauté trouva son point culminant. Un juge et un tribunal d'Église avaient le droit, en dehors de tout contrôle, de rechercher, poursuivre, torturer et tuer les hérétiques. Les principales victimes de l'Inquisition furent les juifs, les musulmans espagnols, mais également les protestants, et tous les catholiques soupçonnés de ne pas respecter les règles religieuses.

Dans *Candide*, l'autodafé concerne deux catholiques de la région de Biscaye qui ont épousé leur marraine, deux Portugais qui, comme les juifs, se sont abstenus de porc, et enfin, Candide et Pangloss dont les idées semblent suspectes (chap. 6). Le châtiment apparaît comme disproportionné pour ces actes dont l'existence ne repose sur aucune preuve, et qui constituent des entorses à des règles tatillonnes et injustifiées. Celles-ci n'ont rien à voir avec les véritables valeurs prônées par la religion chrétienne : l'amour et le respect d'autrui, la charité, l'aspiration à une rencontre spirituelle avec Dieu. La religion ne respecte même pas les morts, puisque le cadavre du juif Issachar est jeté à la voirie alors que celui de l'Inquisiteur est enterré en grande pompe.

Les autres intolérances

Ce genre d'injustice cruelle n'est pas propre à l'Inquisition. Les catholiques marquaient leur mépris pour l'immoralité supposée des comédiens en leur refusant une sépulture dans les cimetières (cas des actrices évoquées au chap. 22). Victimes de la haine des catholiques, les protestants de Voltaire répondent avec une intolérance identique : un pasteur protestant, « orateur » qui prêche longuement sur la charité, refuse ensuite d'aider Candide parce qu'il le soupçonne de ne pas croire que le pape catholique est « l'Antéchrist », c'est-à-dire l'ennemi du Christ (chap. 3). Entre musulmans et chrétiens sévit une guerre de religion, par exemple à Constantinople, où s'opposent janissaires turcs et troupes russes (chap. 12).

Partout règnent ainsi les conflits entre sectes que séparent des différences minimes. La critique de Voltaire est d'autant plus virulente que les motifs de l'intolérance apparaissent dérisoires et peu fondés. Les crimes sont également commis au nom de superstitions : l'autodafé est organisé pour apaiser la colère de Dieu à la suite d'un tremblement de terre (chap. 6).

3. LA RELIGION PRÔNÉE PAR VOLTAIRE

Face à tous ces abus, l'auteur donne l'exemple d'individus et de sociétés dont la religion est uniquement spirituelle, pacifique et charitable.

Des personnages exemplaires

Jacques (chap. 3-4) appartient à une tendance religieuse qui ne respecte pas les règles habituelles du baptême catholique, mais il aide son prochain sans s'interroger sur ses croyances. Candide, bien que catholique élevé dans une région historiquement très opposée au protestantisme, la Westphalie, est assez sensible et intelligent pour s'étonner des intolérances. Martin, quoique membre d'un mouvement hérétique, le manichéisme, respecte les idées des autres, notamment l'optimisme de Candide. Persuadé que le Mal triomphe sans partage sur la terre (telle est la doctrine manichéenne), il répond avec modestie aux espoirs de son ami sur l'existence du Bien (chap. 20) :

Il y a pourtant du bon, répliquait Candide. - Cela peut être, disait Martin ; mais je ne le connais pas.

Deux sociétés harmonieuses

L'Eldorado et la métairie donnent chacun l'exemple d'une religion exempte des défauts dénoncés par Voltaire.

En Eldorado, il n'y a pas de clergé, pas de « moines qui enseignent, qui disputent, qui gouvernent, qui cabalent, et qui font brûler les gens qui ne sont point de leur avis » (chap. 18). Les cérémonies religieuses se réduisent aux prières de remerciement à Dieu pour ses bontés. La religion est très simple, donc acceptable par tous : elle se limite au culte d'un Dieu généreux et encourage l'amour entre les hommes au lieu de les diviser par les finesses théologiques sur la nature divine. Pour Voltaire, cette simplicité et surtout l'absence des prêtres expliquent le bonheur de ce pays.

En Turquie, au chapitre 30, Candide recrée une harmonie identique pour son groupe d'amis : cohabitent des chrétiens, dont deux partisans de tendances opposées (l'optimiste Pangloss et le pessimiste Martin), et un catholique converti à l'Islam (Giroflée). Le voisin est un vieux Turc qui sait bien recevoir les étrangers quelle que soit leur religion (« les deux filles de ce bon musulman parfumèrent les barbes de Candide, de Pangloss, et de Martin »). Cette réussite de Candide à la fin du conte vient du fait que deux conditions ont été remplies : le baron jésuite a été expulsé (ses prétentions et son intolérance sont indéracinables) ; Candide et ses amis, par ailleurs, ont refusé d'entrer dans le débat sur la nature du Bien, du Mal et de Dieu, comme le montre le silence imposé par l'élève à son maître Pangloss (« Cela est bien dit, [...] mais il faut cultiver notre jardin »).

Le conte mentionne trente-cinq fois des membres du clergé, et la plupart des chapitres contiennent des critiques contre le fanatisme ou d'autres excès religieux. Le sujet est cher à l'auteur, qui voit dans l'utilisation de Dieu à des fins mauvaises l'une des principales causes du Mal. La leçon reste très actuelle, surtout pour l'intolérance.

4 La satire de la société

Outre sa critique du clergé et de l'intolérance (voir p. 17, la question 3), *Candide* dénonce les vices responsables des malheurs humains : vanité de la « comédie » sociale, inégalités et exploitation, guerre et insuffisances de la justice.

1. LA COMÉDIE SOCIALE

Comme les moralistes La Bruyère ou Saint-Simon, Voltaire dénonce les fausses valeurs de la société de son temps : les illusions de l'amour, le prestige d'intellectuels pédants, la morgue des riches et des nobles.

Les illusions de l'amour

Présenté par Pangloss comme « le consolateur du genre humain, le conservateur de l'univers, l'âme de tous les êtres sensibles« (chap. 4), l'amour se réduit à un spectacle illusoire. La société et les individus utilisent ces belles apparences vantées par les romans d'amour à la mode pour masquer des intérêts sordides.

Candide est sincère, mais il s'apercevra, à la fin du conte, qu'il aimait dans Cunégonde sa beauté et sa jeunesse, et non sa personne. La vieille perd ses soupirants une fois disparus ses charmes de jolie femme et de princesse. Les regards et les gestes tendres de Paquette et du moine Giroflée (chap. 24) cachent une absence d'affection durable et solide. Paquette, devenue prostituée, doit « paraître de bonne humeur pour plaire à un moine », alors que la veille, elle a été volée et battue. La marquise feint d'aimer Candide alors qu'elle n'en veut seulement qu'à son argent.

Les personnages masculins désirent seulement le corps des femmes et n'hésitent pas à les violer ou les prostituer. Pangloss, malgré ses discours enflammés, ne retient de son aventure avec Paquette que les moments de « paradis » connus « dans ses bras » et la maladie sexuelle qu'elle lui a donnée (chap. 4). Il n'a pas un mot sur l'affection qui aurait pu les lier. Cunégonde, elle, ne se donne à Candide que pour imiter les ébats sexuels d'un couple entrevu dans un buisson (chap. 1). Elle l'aime surtout par vanité féminine d'être entourée d'amants. Son amour se borne à une attirance sensuelle pour une « peau blanche et douce » (chap. 8). Tromper Candide avec d'autres hommes ne l'émeut guère.

Le faux prestige des intellectuels

Les philosophes, les universitaires, les « beaux esprits » et littérateurs des salons parisiens, les médecins présents dans *Candide* jouissent d'un prestige sans relation avec leurs qualités réelles.

Le précepteur Pangloss est l'« oracle » du château bien qu'il ne débite que des sottises jargonnantes (chap. 1). Les universitaires de Coïmbre encouragent les pires superstitions, en préconisant un autodafé pour empêcher un tremblement de terre (chap. 6). L'empressement des médecins auprès de Candide n'aboutit qu'à rendre sa maladie « sérieuse » alors qu'elle n'était que « légère » (chap. 22). Les intellectuels rencontrés à Paris sont des pédants imbéciles ou des écrivains ratés, qui gagnent «[leur] vie à dire du mal de toutes les pièces et de tous les livres »(chap. 22). Les salons des Parisiennes à la mode sont peuplés de savants ennuyeux, de médisants ou de joueurs de cartes peu courtois (chap. 22).

Le seul homme véritablement cultivé du conte, Pococuranté, est un oisif blasé, qui ne voit plus que les défauts des œuvres d'art au lieu d'en savourer les beautés (chap. 25).

L'argent et la noblesse

Les nantis et les nobles écrasent les pauvres de leur mépris et s'accrochent à des privilèges dérisoires. Le baron considère que le nombre de quartiers de noblesse l'emporte sur les qualités humaines : il empêche le père de Candide, un « bon et honnête gentilhomme », d'épouser la femme qu'il aime (chap. 1). Le gouverneur de Buenos Aires apparaît ridicule de suffisance tant il est imbu des particules qui ornent son nom (chap. 13). Le prestige illusoire de la noblesse est utilisé par la fausse marquise parisienne pour attirer des naïfs qu'elle dépouille de leur argent (chap. 22).

L'argent joue un rôle important dans les relations humaines évoquées dans *Candide* : le vol et les friponneries y abondent (chap. 1, 19, 21, 22, etc.). La douleur ou la mort des victimes du tremblement de terre n'empêchent pas le matelot du chapitre 5 de ne penser qu'au profit qu'il peut tirer de la situation en pillant les ruines. Lorsqu'il tombe malade, Candide n'est entouré d'amis que parce qu'il est riche (chap. 22). Seuls Candide et Jacques utilisent leur fortune pour aider les autres. Pococuranté, lui, en a suffisamment pour ne pas voler ou jalouser, mais se contente d'en jouir seul sans même sentir le bonheur d'être privilégié (chap. 25).

2. L'INÉGALITÉ SOCIALE ET L'EXPLOITATION

L'inégalité sociale

La satire des riches et des nobles s'accompagne d'une dénonciation des inégalités sociales, qui séparent les groupes sociaux entre ceux qui peuvent vivre dans le luxe et les pauvres humiliés qui meurent de faim ou gagnent leur vie dans les pires conditions. A Thunder-ten-tronckh, le système féodal donne aux nobles des privilèges qui ne s'expliquent aucunement par leurs mérites ou leur travail. Ainsi Candide, parce qu'il n'est qu'un bâtard, se retrouve au rang des serviteurs du baron (chap. 1), et se verra refuser la main de Cunégonde parce qu'il n'est pas noble. Pourtant, il est plus intelligent et plus humain que le frère de Cunégonde, qui jouit de toutes les prérogatives possibles sans s'être donné d'autre peine que celle de naître. Voltaire rejoint ici la critique sociale qui conduira à la Révolution française, en 1789.

Mais la satire vise aussi l'inégalité née de l'argent. Pauvres et riches sont inégaux devant la maladie : les médecins ne soignent que les nantis (chap. 22). Ils ne sont pas non plus égaux devant la justice, puisqu'il suffit de payer pour éviter la prison (chap. 22).

L'exploitation de l'homme par l'homme

L'inégalité culmine lorsqu'elle se traduit par une exploitation des hommes par d'autres hommes. La condition féminine et l'esclavage sont deux exemples extrêmes de cette injustice dénoncée dans *Candide*.

Cunégonde, la vieille et Paquette connaissent le viol et diverses formes de prostitution. Paquette surtout en fait un métier, qu'elle subit avec dégoût.

Au Paraguay, le système social instauré par les jésuites spolie les Indiens : « Los Padres y ont tout, et les peuples rien » (chap. 14). Une scène significative souligne cette opposition : pour les religieux « Un excellent déjeuner était préparé dans des vases d'or », au milieu d'un « cabinet de verdure » bien orné, alors que « les Paraguains mangèrent du maïs dans des écuelles de bois, en plein champ, à l'ardeur du soleil » (chap. 14).

En Guyane, l'horreur saisit le lecteur devant la condition des esclaves. Leur labeur harassant dans les plantations n'est rétribué que par un peu de nourriture pour survivre, et « un caleçon de toile pour tout vêtement deux fois l'année ». On les ampute s'ils ont un accident du travail, et s'ils tentent de s'enfuir ou de se révolter (chap. 19). Les animaux domestiques sont mieux traités : « Les chiens, les singes et les perroquets sont mille fois moins malheureux que nous », remarque le nègre de Surinam.

3. LA GUERRE

La guerre est l'un des principaux thèmes du conte, sans doute parce que dans la liste des maux qui frappent l'humanité, elle est l'un des plus absurdes, des plus cruels, mais aussi, malheureusement, des plus répandus.

Les causes de conflits sont dérisoires au regard des souffrances et des ravages qu'ils provoquent, ne cesse de dire Voltaire. La guerre entre les Abares et les Bulgares (chap. 3) n'a pas d'origine connue, mais elle dévaste les deux territoires et ne profite donc à aucun des camps. Voltaire pense à la guerre de Sept Ans (1756-1763), déclenchée par la Prusse pour conquérir la Silésie, mais dont les effets ruinèrent l'agresseur. Au chapitre 23, Martin explique à Candide que l'Angleterre et la France se battent « pour quelques arpents de neige vers le Canada », et dépensent pour cette « belle guerre » bien plus que cette contrée ne vaut. Cette phrase célèbre résume, en la simplifiant un peu trop, une guerre ouverte en 1756 pour d'immenses territoires souvent infertiles. Il demeure que les conflits proviennent de l'ambition de monarques plus désireux d'asseoir leur gloire sur la conquête que sur le bien-être des peuples. Les princes sont ainsi désignés comme les principaux responsables de ces « boucheries héroïques » (chap. 3), expression incisive qui allie les réalités sinistres de la guerre et le prestige malsain qui l'entoure. Les soldats, eux, sont des brutes mercenaires au service d'un monarque, ou des victimes, enrôlées par force comme Candide, et subissant les brimades des gradés (chap. 3) avant de s'entre-tuer sans savoir pourquoi.

Enfin, Voltaire n'épargne pas au lecteur la description précise de scènes sanglantes : « Ici des vieillards criblés de coups regardaient mourir leurs femmes égorgées, qui tenaient leurs enfants à leurs mamelles sanglantes [...] » ; « Des cervelles étaient répandues sur la terre à côté de bras et de jambes coupés » (chap. 3). La mère de la vieille est écartelée jusqu'à la mort par les vainqueurs qui se la disputent (chap. 11).

4. LES INSUFFISANCES DE LA JUSTICE

Le plus révoltant, pour l'auteur, est sans doute le simulacre de justice et de droit installé pour défendre les faibles contre l'arbitraire, et favorisant en fait l'injustice.

Le chapitre 2 dénonce les théories du droit politique, élaborées au XVIIe siècle, et qui cherchent à justifier la guerre par de pseudo-arguments, ou à organiser les massacres. A plusieurs reprises (chap. 3, 8, 11, 12), Voltaire mentionne « la loi de la guerre ». Il évoque un « village abare que les Bulgares avaient brûlé, selon les lois du droit public ».

La justice et le droit ne sont non plus d'aucun secours pour les esclaves. C'est le très officiel Code noir, instauré par les Français en 1685 dans leurs colonies, qui considérait les Noirs comme des biens meubles, préconisait de leur donner deux habits par an, et fixait l'échelle des punitions, dont les mutilations.

En dehors de ces cas extrêmes, la justice scandalise Voltaire par les détournements de ses objectifs premiers. L'Inquisition est une parodie de jugement au service de l'intolérance. Elle fait subir à des innocents les méfaits de la superstition (chap. 6), ou sert aux intérêts privés les plus futiles (chap. 8 : le grand Inquisiteur menace don Issachar d'un autodafé s'il continue à voir Cunégonde). A Paris, la corruption règne : on peut acheter le droit de ne pas aller en prison (chap. 22).

La satire, dans *Candide*, n'épargne donc aucun des piliers de l'organisation féodale ou monarchique. De nos jours, la société repose sur des principes différents. Mais les principaux maux dénoncés par *Candide* sont loin d'avoir disparu : inégalités extrêmes, guerres inutiles, dévoiements de la justice.

5 La quête du bonheur et le jardin

Symbole universel de la félicité, le jardin est très présent dans *Candide*, conte philosophique sur la condition humaine et la recherche du bonheur. Les différents jardins qui ponctuent le voyage du héros sont autant de tentatives pour devenir heureux. Mais Voltaire refuse certaines de ces solutions, au profit du jardin final où se résume une sagesse personnelle et lentement acquise.

1. UN SYMBOLE UNIVERSEL

Une métaphore du bonheur

Familier de l'Ancien Testament par son éducation catholique, bon connaisseur des civilisations orientales par sa curiosité intellectuelle, Voltaire sait le pouvoir évocateur du jardin. Dans la plupart des cultures, en effet, ce thème représente le bonheur humain.

Juifs, musulmans et chrétiens partagent cette vision. Dans la Genèse, premier livre de la Bible, Dieu, après avoir créé l'univers et la terre, « planta un jardin en Éden, à l'orient, et il y plaça l'homme qu'il avait formé ». Il est également dit que « le Seigneur Dieu prit l'homme et l'établit dans le jardin d'Éden pour cultiver le sol ». La traduction latine de cette phrase figure au chapitre 30 de *Candide* : Pangloss rappelle que « quand l'homme fut mis dans le jardin d'Éden, il y fut mis *ut operaretur eum*, pour qu'il travaillât ».

Le paradis biblique fut souvent peint en littérature ou en art, avec une végétation luxuriante, une terre féconde en fruits et fleurs, qui nourrit les hommes au prix d'un peu d'efforts. C'est de ce « jardin des délices » que Dieu chasse Adam et Ève après le premier péché.

Dans le Coran, le Paradis offre des fontaines aromatisées de camphre ou de gingembre, des ruisseaux d'eau vive, de lait, de vin, de miel. Voltaire s'en est souvenu pour évoquer les fontaines d'Eldorado (chap. 18).

En Extrême-Orient ou dans les civilisations précolombiennes, le jardin est aussi un résumé du monde, une image de la vie heureuse. Princes et pauvres aiment en créer pour se procurer des fruits et légumes, mais aussi pour s'y reposer. Les Persans furent le peuple le plus sensible à ces charmes, comme le montrent les descriptions des contes des *Mille et Une Nuits*, dont Voltaire s'inspire. La Perse occupait en partie le territoire actuel de la Turquie, où se situe le jardin du chapitre 30 de *Candide*.

Le thème au XVIIIe siècle

A cette richesse symbolique s'ajoutent, au XVIIIe siècle, deux interprétations supplémentaires.

La campagne devient le domaine de la pureté morale, de la paix, du repos et d'une vie saine, en opposition avec les guerres, les turpitudes politiques et morales et la saleté citadine. On retrouve cette idée dans *Candide*: l'Eldorado, isolé du monde, a permis aux survivants des Incas de se protéger de la cruauté d'envahisseurs espagnols. Au chapitre 30, le bon vieillard, qui prend le frais à sa porte sous un berceau d'orangers, ne sait rien des luttes sanglantes pour le pouvoir qui se déroulent à Constantinople.

Sauvage et belle, la nature permet une rencontre privilégiée avec le Créateur, par les sentiments mystiques qu'elle suscite. Jean-Jacques Rousseau, puis les romantiques développeront ce mythe. On ne le trouve pas chez Voltaire, qui préfère les parcs créés par l'homme.

Domestiquée par le travail, la nature évoque en effet la fécondité, les vraies valeurs d'un travail modéré mais productif, contrairement au luxe artificiel et fragile des villes, où s'entassent les miséreux et les oisifs. Pour les Physiocrates, économistes qui tentèrent de résoudre le problème de la pauvreté, la terre des agriculteurs est la seule vraie richesse, plus sûre que le commerce ou la spéculation financière. L'éloge du travail rural à la fin de *Candide* n'est pas étranger à cette conception.

Voltaire puise dans cette symbolique complexe mais très forte pour faire passer ses principales idées sur le bonheur. Le thème du jardin, omniprésent dans le conte, joue un rôle important pour la leçon de sagesse finale.

2. LA SYMBOLIQUE DU JARDIN DANS LE CONTE

L'omniprésence du thème

Le premier chapitre offre, près du château, «[un] petit bois qu'on appelait parc », et dans cet univers le héros vit un bonheur enfantin qu'il croit parfait. L'allusion au jardin paradisiaque est discrète, mais le parallélisme avec Adam devient clair lorsque Candide se retrouve « chassé du paradis terrestre » après avoir été surpris dans les bras d'une Ève moderne, Cunégonde. À la fin du conte, l'on retrouve un autre jardin lié au bonheur et, entre les deux, se succèdent la feuillée des jésuites au Paraguay (chap. 14), la prairie et le bois des Oreillons (chap. 16), l'Eldorado (chap. 17-18), le parc de Pococuranté (chap. 25), la petite métairie (chap. 29-30), le jardin du vieux Turc et celui de Candide (chap. 30). Si l'on y ajoute la plantation où travaille le nègre de Surinam (chap. 19), ce sont dix jardins qui ponctuent le texte, différents mais tous reliés les uns aux autres, car ils représentent chacun une façon de vivre et une forme d'organisation de la société.

La quête du bonheur, de jardin en jardin

Au chapitre 1, le « paradis terrestre » est une société rurale fortement hiérarchisée : le baron règne sur un village de paysans, grâce à ses quartiers de noblesse et aux divers signes de sa puissance : le château, le « parc », les domestiques, la meute qui lui permet de chasser. Lorsque le jeune Candide, par inconscience, passera outre les lois qui régissent ce petit monde, en courtisant la fille du maître, il sera chassé sans retard. Le paradis se révèle illusoire.

D'autres « jardins » évoquent tout au long du conte des sociétés pareillement hiérarchisées, avec des variantes plus cruelles encore que le paternalisme finalement bon enfant du Thunder-ten-tronckh. Ainsi le royaume des jésuites du Paraguay oppose clairement d'un côté les religieux, qui vivent dans le luxe, de l'autre leurs esclaves nègres, qui peinent sur la plantation. Deux phrases ironiques du chapitre 14 résument ce contraste révoltant : « Los Padres y ont tout, et les peuples rien ; c'est le chef-d'œuvre de la raison et de la justice. »

Plus loin, le nègre de Surinam décrit les corvées et les punitions barbares des plantations coloniales, où l'homme est exploité par ses frères blancs (chap. 19). Le confort et les plaisirs des uns viennent du malheur des autres.

Les jardins de Pococuranté, « bien entendus et ornés de belles statues de marbre », n'offrent pas l'occasion de dénoncer le servage. En revanche, ils symbolisent la perfection artistique, méprisée par leur propriétaire blasé : « Je ne sais rien de si mauvais goût [...] : nous n'avons ici que des colifichets ; mais je vais dès demain en faire planter un d'un dessin plus noble » (chap. 25). Le vice dénoncé ici est l'ennui, qui rend les riches malheureux bien que toutes les conditions du bonheur (notamment symbolisé par le beau parc) soient réunies.

L'Eldorado, paradis imaginaire

En Eldorado, véritable paradis, la ville comme le jardin présentent la perfection que recherche Candide, sans inégalité sociale injuste :

> Le pays était cultivé pour le plaisir comme pour le besoin ; partout l'utile était agréable.

Certes, il existe un prince et en-dessous de lui les marchands, voituriers, villageois et officiers de la couronne. Mais tous bénéficient sans effort de la richesse offerte par les pierres précieuses ramassées sur le sol. Tous ont une occupation saine qui les nourrit et les occupe : ainsi sont écartés l'exploitation de l'homme par l'homme mais aussi l'ennui né de la satiété.

L'opposition entre ville et campagne disparaît : la cité entière est un frais jardin, avec « les édifices publics élevés jusqu'aux nues, les marchés ornés de mille colonnes » comme les arbres d'une forêt ou d'un verger. S'y joignent « les fontaines d'eau pure, les fontaines d'eau rose, celles de liqueurs de canne de sucre, qui coulaient continuellement dans de grandes places pavées d'une espèce de pierreries qui répandaient une odeur semblable à celle du girofle et de la cannelle ».

L'Eldorado serait le véritable paradis terrestre s'il pouvait s'incarner en une réalité. Mais il ne s'agit que d'une utopie, et Candide poursuit son chemin dans l'espoir de trouver le bonheur dans la vraie vie (voir p.35, la question 6 sur l'Eldorado).

3. LA LEÇON FINALE

Les trois derniers jardins

La petite métairie achetée par Candide en Propontide (chap. 30) constitue un mélange des aspects négatifs des jardins précédents. La richesse fondée sur les cailloux de l'Eldorado s'y effrite au rythme des filouteries dont le héros se retrouve victime. Le petit groupe finit par ne survivre que du travail harassant d'un Cacambo que l'on exploite comme les esclaves du Paraguay. Les autres personnages s'ennuient dans l'oisiveté, comme Pococuranté en son palais, et leur caractère se dégrade : Cunégonde devient acariâtre. Il manque à Candide la leçon ultime, qui lui viendra du travail et de l'égalité sociale.

L'expérience du vieux Turc qui envoie ses fruits au marché de Constantinople s'avère primordiale (chap. 30).

Bien que ses terres ne couvrent qu'une surface réduite (« vingt arpents »), il vit dans une honnête aisance, à l'abri des convoitises qui ruinent les amoureux du pouvoir restés dans la capitale. Au confort champêtre (« un berceau d'orangers ») se joignent les délices de la gourmandise et de l'esthétique avec « du kaïmak piqué d'écorces de cédrat confit, des oranges, des citrons, des limons, des ananas, des pistaches, du café de Moka qui n'était point mêlé avec le mauvais café de Batavia et des îles ». Surtout, ce bien-être se vit en famille, dans une ambiance chaleureuse où les distances sociales n'ont pas leur place. Enfin, l'oisiveté est bannie, et avec elle l'ennui, puisque le vieillard et ses filles sont les créateurs directs des produits qu'ils consomment. « Le travail éloigne de nous trois grands maux : l'ennui, le vice et le besoin.»

L'homme est « né pour vivre dans les convulsions de l'inquiétude, ou dans la léthargie de l'ennui », déclare Martin au dernier chapitre. L'exemple du vieux Turc permet d'échapper à ces deux maux et de trouver un bonheur moyen mais réalisable. Le dernier jardin en donne la recette.

Le paradis construit par Candide

Certains critiques ont vu dans le dernier paragraphe du conte une fin banale, indigne d'un philosophe. Ce bonheur médiocre, qui se réduit à « cultiver notre jardin », a déçu de la part du brillant Voltaire. D'autres, comme Gustave Flaubert dans une lettre à Louise de Cormerin (7 juin 1844), s'enthousiasment pour cette fin « bête comme la vie », et y voient un humanisme novateur, qui accepte l'homme tel qu'il est, avec ses imperfections, mais aussi sa capacité de créer du bonheur par son travail.

Cette seconde interprétation est certainement celle que désirait Voltaire. Sa correspondance contient de nombreuses traces de sa conviction que le bonheur réside justement dans cet équilibre entre richesse et pauvreté, entre isolement et convivialité. « J'ai toujours regardé le travail comme la plus grande consolation pour les malheurs inséparables de la condition humaine », écrit-il dans une lettre du 6 février 1754. « Travaillons sans raisonner, dit Martin au chapitre 30 ; c'est le seul moyen de rendre la vie supportable.» À la fin du conte, tous les personnages ont une occupation : Cunégonde « devint une excellente pâtissière ; Paquette broda ; la vieille eut soin du linge », et Giroflée « fut un très bon menuisier ».

Ainsi chacun contribue par son labeur au bien-être commun, et la petite société ne connaît pas l'esclavage ou l'exploitation de l'homme par l'homme qui rendaient exécrables d'autres jardins du conte. Les hiérarchies sociales ont totalement disparu. Cette abolition transparaît dans l'expulsion du baron, qui n'a pas accès au paradis, dont il troublerait la sage ordonnance. Celle-ci fait également disparaître les motifs de guerre et les querelles religieuses, par l'égalité instituée entre les personnages. Des catholiques, le musulman Giroflée, le « manichéen » Martin vivent en bonne harmonie (le manichéisme était une secte chrétienne, dont les croyances différaient de celles que prônait la papauté).

En faisant taire Pangloss, Candide échange sa quête illusoire de la vérité contre l'apaisement intellectuel et la pacification des relations humaines. L'isolement de la petite métairie le met également à l'abri des conflits locaux, loin de Constantinople : le jardin est un lieu clos, protégé, comme l'était l'Eldorado.

Enfin, l'amour fou s'évanouit, mais le remplace par une solide affection. Le mariage de Candide et Cunégonde se fonde sur une fidélité dénuée d'illusions, qui accepte les êtres tels qu'ils sont.

Le dernier jardin ressemble à un vrai paradis : aisance financière due au travail sur une terre féconde, tolérance religieuse, fraternité. Le plaisir de vivre est présent, grâce aux « gâteaux » de Cunégonde, aux « cédrats confits » et « pistaches ». Préfiguré par les autres jardins du conte, il en réunit les éléments positifs et réalisables.

Cette sagesse modérée, issue d'un long cheminement du héros, a fait passer en proverbe l'expression : « cultiver son jardin ». Le bonheur proposé par Voltaire trouve un écho universel.

6 L'Eldorado

Les deux chapitres consacrés à l'Eldorado se rattachent à la tradition littéraire de l'Utopie. Il s'agit d'évoquer un monde imaginaire et parfait, qui n'existe « nulle part » (tel est le sens du mot grec « utopie »). Effectivement, l'Eldorado mêle réalisme et merveilleux. En outre, Voltaire utilise ce procédé pour évoquer le monde idéal tel qu'il l'imagine. Néanmoins, Candide (comme Voltaire) préférera vivre dans la réalité plutôt que dans le rêve. L'utopie n'est qu'une étape dans son évolution.

1. DU RÉALISME AU MERVEILLEUX

Issu d'une œuvre de Thomas More, parue en 1516, le genre de l'utopie était à la mode à l'époque de Voltaire. Les livres qui appartiennent à cette tradition littéraire présentent tous les mêmes caractéristiques.

Quelques éléments réalistes

L'utopie décrit une société qui n'existe pas, même si elle est située géographiquement ou historiquement. L'Eldorado, terme datant de 1640, désigne une région fabuleuse d'Amérique du Sud que l'on croyait remplie d'or, et où se seraient réfugiés les survivants du peuple inca après la conquête de l'Amérique par les Espagnols. Les explorateurs la cherchèrent en vain. Voltaire s'inspire de leurs récits, en particulier ceux de Garcilaso de la Vega ou la relation de Sir Raleigh.

Ainsi, l'Eldorado du conte se place quelque part au centre de l'Amazonie, entre le Tucuman des Oreillons (au Nord du Paraguay) et la colonie hollandaise du Surinam. Comme le raconte le vieillard du chapitre 18, ce royaume imaginaire constitue l'ancienne patrie inca, protégée de la rapacité européenne par une barrière de montagnes infranchissables. La faune et la flore décrites par Voltaire sont typiques de la région : lamas (évoqués sous le nom de « moutons rouges » en raison de leur couleur), perroquets, singes, colibris, canne à sucre, girofle, cannelle, etc. L'or, l'argent, les pierres précieuses qui firent la renommée du Pérou y abondent. Les dimensions imposantes de la capitale où se rendent Candide et Cacambo rappellent les descriptions historiques de Cuzco ou de Mexico.

Un monde imaginaire et composite

A partir de ces éléments réels, l'auteur laisse dériver son imagination vers le merveilleux.

Le vieillard a 172 ans, la monnaie du pays est la livre sterling anglaise et non celle des Incas. Les pierreries jonchent le sol, mais on ne trouve nulle trace des mines où les hommes doivent en réalité peiner pour trouver l'or et l'argent. En Eldorado, les richesses semblent offertes par la nature, sans effort ni souffrance.

La dimension et le luxe de la capitale sont exagérés. Chaque maison ressemble à un palais d'Europe, la moindre chaumière a une porte d'argent. Le portail du palais du roi, fait d'une matière inconnue mais plus précieuse que l'or, a 66 mètres de haut sur 30 de large. L'abondance des fontaines, des carrosses, les pavés odorants, la prodigieuse galerie des sciences complètent ce tableau idyllique. Le champ lexical est partout celui de la grandeur et de l'exception : « un horizon immense », « surpassaient en vitesse », « beauté singulière », « éclat singulier » (chap. 17) ; « supériorité prodigieuse » (chap. 18). Voltaire emprunte également certains détails aux récits de voyages imaginaires. L'arrivée des deux héros par une rivière qui s'enfonce sous la voûte d'une grotte reprend un passage du sixième voyage de Sindbad dans *Les Mille et Une Nuits*. La rencontre d'un vieux sage initiant les étrangers figure dans la plupart des œuvres du genre. La minutie des descriptions, souvent chiffrées, relève également du genre utopique. Un dernier trait caractéristique est l'inversion par rapport au monde connu : les soldats sont des femmes, les rues sentent bon (allusion aux puanteurs des caniveaux parisiens), le roi se montre plus affectueux que le dernier de ses sujets, etc.

2. UN MONDE IDÉAL

Cette inversion par rapport au monde connu prend toute sa signification si l'on considère les déclarations de Candide au chapitre 17 : « Quel est donc ce pays [...] d'une espèce si différente de la nôtre ? C'est probablement le pays où tout va bien ; car il faut absolument qu'il y en ait de cette espèce. » Ailleurs, l'Eldorado est qualifié de « paradis », (chap. 24). Ces citations montrent que Voltaire voulut décrire un idéal.

Le règne des vraies valeurs

L'Eldorado prend le contre-pied de tout ce que le héros a vu dans le monde. Ici, les maux physiques ou moraux n'existent pas : pas de guerre, pas d'armée, sinon un bataillon de gracieuses jeunes filles, pas de clergé, pas de tribunaux, sans doute pas de police. L'argent, pour lequel tant d'hommes tuent ou volent, est trop abondant pour susciter des convoitises. La maladie et la vieillesse ne sévissent pas : le sage de 172 ans est encore gaillard.

Ici règnent en outre les vraies valeurs : la politesse, l'amitié, la générosité, l'amour de la science. Alors qu'ailleurs l'on se dispute sans fin à propos de la religion, de la métaphysique ou de tout autre sujet, en Eldorado, dit le vieillard, « nous sommes tous du même avis ». Enfin, bien qu'il existe un roi, une cour, des classes sociales bien marquées (le portail du palais est fait d'une matière plus précieuse que celle des maisons normales), l'harmonie règne entre les différents groupes, sans doute parce que chacun vit dans l'aisance.

Quelques idées chères à Voltaire

Plusieurs caractéristiques de ce royaume correspondent à des idées chères au conteur.

D'abord, cette religion sans prêtres ressemble à celle des Quakers, dont les *Lettres philosophiques*[1] de Voltaire ont exposé les qualités. Cette secte chrétienne, installée en Angleterre mais surtout en Pennsylvanie, région de l'Est des États-Unis, prônait un déisme sans cérémonies. En donnant à l'Eldorado quelques traits rappelant les Quakers (absence de prêtres, fraternité entre les individus, qui s'appellent entre eux « ami », choix de la livre sterling comme monnaie du pays), Voltaire manifeste sa sympathie, voire sa préférence, pour des groupes religieux qui passaient pour hérétiques aux yeux de ses ennemis, le clergé ou les jésuites.

Une autre caractéristique propre à l'idéal voltairien est le luxe, qu'il célébra notamment dans son poème *Le Mondain*. Voltaire se démarque ici des utopies qui proposaient un idéal d'égalitarisme dans la sobriété, voire une relative pauvreté. Bien au contraire, l'Eldorado se distingue par l'opulence et le raffinement des repas, la beauté architecturale, l'attention portée aux arts. Partout triomphe un idéal qui mêle le beau et l'utile : « Le pays était cultivé pour le plaisir comme pour le besoin ; partout l'utile était agréable » (chap. 17).

Voltaire fut un philosophe épris des Lumières du XVIIIe siècle. Il collabora aux travaux de vulgarisation de l'*Encyclopédie*, s'intéressa aux progrès scientifiques. On retrouve ces préoccupations dans la longue galerie pleine d'instruments de mathématiques et de physique, dans l'instruction des enfants à l'école, dans l'invention ingénieuse qui permet de franchir les montagnes.

L'Eldorado semble donc représenter l'idéal de l'auteur. Au chapitre 20, Martin dit : « En jetant ma vue sur ce globe, ou plutôt sur ce globule, je pense que Dieu l'a abandonné à quelque être malfaisant ; j'en excepte toujours Eldorado ». Plus loin, désespéré à la pensée que Cunégonde ait pu

---

1. Œuvre de Voltaire, parue en 1734. L'auteur y raconte son séjour en Angleterre, où il rencontrera des Quakers.

mourir, Candide s'exclame : «Ah ! il valait mieux rester dans le paradis du Dorado que de revenir dans cette maudite Europe.» (chap. 24).

3. SENS ET PLACE DE L'ELDORADO DANS «CANDIDE»

Cependant cette histoire fabuleuse et idéale, qui a fait parler du « mythe de l'Eldorado », n'est pas le dernier mot de Voltaire sur l'évolution de Candide. Comment expliquer autrement que le jeune héros veuille quitter ce monde idéal, et, surtout, qu'il ne cherche pas à y revenir une fois retrouvée sa bien-aimée ? Certains critiques ont vu dans ces deux chapitres une satire de l'utopie. Il est possible que ce soit le cas. Mais la véritable leçon de Voltaire va plus loin, comme le montre l'évolution ultérieure du héros.

Les limites de l'utopie

Les utopies sont souvent dénigrées parce qu'elles offrent un bonheur trop organisé, presque totalitaire. L'Eldorado ne présente pas ce travers. L'auteur est moins systématique que ses prédécesseurs ou, surtout, que ses successeurs : contrairement à la plupart d'entre eux, qui proposent une recette de bonheur collectif très détaillée, Voltaire ne dit pas grand-chose sur le système politique et social de son paradis. Il semble s'agir d'une monarchie dont le roi est bon et intelligent ; tous les problèmes sociaux sont supprimés par la richesse incroyable que procure la nature généreuse du pays.

Les habitants de l'Eldorado ont d'ailleurs un esprit critique sur ce que Candide leur dit (« je vous avoue que les gens de votre monde font des question bien singulières », chap. 18) ; ils savent rire (fin du chapitre 17) ou reconnaître qu'ils ne connaissent pas tout (début du chapitre 18). Enfin, ils ne cherchent pas à retenir les voyageurs, à les rendre heureux malgré eux.

Autre nom donné par Voltaire à l'Eldorado

Certains critiques ont donc vu dans ces deux chapitres une satire de l'utopie. En tout cas, Voltaire ne cède pas à la facilité de terminer son livre sur un idéal inaccessible, et peut-être dangereux.

Candide reproche deux choses à ce rêve amazonien : l'absence de Cunégonde et l'impossibilité d'y être vraiment riche et puissant. « Si nous restons ici, dit-il à Cacambo, nous n'y serons que comme les autres ; au lieu que si nous retournons dans notre monde seulement avec douze moutons chargés de cailloux d'Eldorado, nous serons plus riches que tous les rois ensemble, nous n'aurons plus d'inquisiteurs à craindre, et nous pourrons aisément reprendre Mlle Cunégonde. »

Sans doute Candide est-il trop immature pour discerner le vrai bonheur. Son départ de l'Eldorado est une erreur. Il découvrira plus tard que même les diamants de l'Eldorado et l'amour ne sauraient procurer la félicité, car ils sont fragiles. Tout indique que Voltaire, lui aussi, ne se satisferait pas de ce bonheur, car l'Eldorado n'existe pas. Notre auteur veut, comme le fera son personnage une fois plus expérimenté, trouver le bonheur dans la réalité. Il sait que les guerres, l'intolérance ou les préjugés nobiliaires ne peuvent disparaître. L'Eldorado reste donc un rêve inaccessible, car il repose à la fois sur la richesse naturelle du pays et la sagesse de son chef. Retombé dans la réalité, Candide ne retrouvera jamais ces conditions idéales, mais tentera d'instaurer dans sa métairie une sagesse pratique. C'est pourquoi l'évocation de cette utopie se situe au centre du livre, et non à sa fin, qui proposera un bonheur plus modeste, mais ancré dans le réel.

La place de l'Eldorado dans le conte

La visite en Eldorado constitue donc une simple étape, même si sa place est privilégiée. Le héros ne sera plus le même ensuite. Ce repos dans un havre de paix met fin à sa fuite et à sa passivité. Candide, pour la première fois, donne un but à son existence : retrouver Cunégonde, acquérir les moyens d'agir sur les autres grâce à sa richesse (cette évolution a été étudiée dans la question 7 sur « *Candide*, roman d'apprentissage », p.42). Ces deux objectifs sont des illusions aux yeux de Voltaire. Il reste au jeune homme encore bien des choses à découvrir avant de choisir définitivement un style de vie, qui s'inspirera autant de l'exemple du bon vieillard turc que de l'Eldorado.

Le plus grand mérite de l'épisode central réside en fait dans quelques vérités qu'il restera à vérifier par l'expérience et à mettre en pratique dans le monde tel qu'il est. Ainsi l'Eldorado préfigure-t-il certains aspects du jardin final. En Propontide, l'isolement permettra de moins souffrir de l'omniprésence du Mal. Les disputes religieuses sont oubliées et les personnages s'unissent autour de valeurs communes comme l'entraide et l'amitié. Le travail de la terre rappelle, en plus modeste, les champs de l'Eldorado « cultivés pour le plaisir comme pour le besoin » (chap. 17). En Turquie, « la petite terre rapporta beaucoup », y compris sans doute les cédrats, citrons, pistaches qui joignent le bonheur visuel et gustatif à la satisfaction de manger à sa faim. En outre, les pâtisseries de Cunégonde, les broderies de la vieille donnent à la vie champêtre un confort cher à Voltaire. Ce confort n'a rien à voir avec le luxe de l'Eldorado, où les portes des chaumières sont en argent, mais il est bien agréable et suffit au bonheur.

L'Eldorado reste l'un des épisodes les plus célèbres de *Candide*, grâce à l'idéal qu'il laisse entrevoir, mais aussi à la vivacité du récit. Il est l'un des plus importants pour l'évolution du héros et la leçon finale.

7 Candide roman d'apprentissage

Le roman d'apprentissage retrace, à travers ses aventures, l'évolution d'un héros vers la sagesse. Candide relève de ce genre littéraire : toutes les conditions sont réunies pour transformer le jeune garçon en un homme mûr. Voltaire donne ainsi une leçon valable pour tous.

1. LES CONDITIONS DE LA FORMATION

Candide: un être malléable

Au début du conte, Candide présente quelques traits permettant son évolution ultérieure. Sa jeunesse le rend ignorant et plein d'illusions. Certes l'enseignement imbécile de Pangloss marque son âme, par ailleurs un peu « simple ». Mais il a une sensibilité et un « jugement assez droit », qui, contrairement à son maître, le feront réagir aux événements. Son nom reflète ces dispositions : on y trouve la naïveté, mais aussi l'honnêté de la candeur. Dans le chapitre 1, son expérience se réduit à ce qu'il observe dans le château et aux leçons du précepteur. Il n'a pas encore souffert des clivages sociaux qui structurent cette petite société et il ne connaît rien des maux qui assaillent les hommes. C'est donc en toute innocence qu'il singe Pangloss.

Candide serait resté dans cet état si la réalité, dès la fin du chapitre 1, ne s'était chargée de le précipiter hors de cet univers médiocre, mais jusque-là protégé.

Épreuves et rencontres

Une longue série d'expériences, vécues directement ou par les récits d'autrui (Cunégonde, la vieille, Pangloss, le baron, Paquette et Giroflée), assure la formation du héros. Il est initié aux maux naturels (maladie, mort, tremblement de terre, orage) ou humains (guerre, esclavage, préjugés nobiliaires, pouvoir de l'argent).

La première partie du conte met en valeur les maux physiques ou sociaux ; la seconde insiste davantage sur les maux de l'âme et les faiblesses morales (fourberie et rapacité à Surinam, luxure, hypocrisie et passion du jeu à Paris, ennui à Venise ou dans la métairie). Les références historiques (désastre de Lisbonne, guerre de Sept Ans, Inquisition, etc.) revêtent ces drames d'une douloureuse vraisemblance. L'amour n'en est pas absent : séparations, trahisons, infidélités, disparition du désir se succèdent. Parallèlement apparaissent toutes sortes de relations sensuelles (hétérosexualité, homosexualité, zoophilie) et leurs tristes conséquences : le viol, les maladies sexuellement transmissibles comme la vérole.

Le héros côtoie toutes les couches sociales : esclaves, princes, religieux (un frère théatin, les jésuites, un anabaptiste, un juif, des musulmans), marchands, banquiers (Issachar), soldats, sénateur (Pococuranté), le gouverneur de Buenos Aires, des bourgeois, des valets comme Cacambo. Candide raisonne avec de nombreux philosophes : Pangloss, Martin, le vieillard de l'Eldorado, le savant parisien, le sage turc, le vieux musulman du chapitre 30.

L'apprentissage vécu par d'autres personnages reflète l'expérience de Candide tout en y contribuant. La vieille et Cunégonde perdent toute illusion sur leur position sociale ou sur l'amour ; les vies de Cacambo, de Martin et des malheureux évoqués au chapitre 19 complètent l'éducation du jeune garçon.

Le voyage

Thème traditionnel du roman d'apprentissage, il mène Candide en Europe (Allemagne, France, Angleterre, Portugal, Espagne, Italie), en Amérique et en Turquie. Les périples de la vieille confirment que tout va également mal au sud de la Méditerranée (Maroc, Algérie, Tunisie, Syrie) et au nord du vieux continent (Russie, pays Baltes, etc.). L'accumulation des expériences est permise à la fois par l'écoulement du temps et la mobilité géographique.

2. UNE ÉVOLUTION PSYCHOLOGIQUE ET INTELLECTUELLE

De la passivité à l'action

Au départ, Candide, incapable d'une pensée ou d'une action personnelle, se laisse malmener par les événements, ou s'en remet à la vieille et à Cacambo. Ses seules initiatives relèvent de l'instinct de conservation : il se cache lors de la bataille du chapitre 3, puis il fuit constamment. Lorsqu'il commet un acte violent en tuant Issachar, l'Inquisiteur ou le baron, c'est sous l'empire de la nécessité, de la colère et de l'amour.

Cependant, il acquiert peu à peu la capacité d'agir par lui-même. Le tournant de cette évolution se situe en Eldorado. Pour la première fois, il décide de quitter un lieu pourtant agréable, et donne un but à sa vie : revoir sa bien-aimée. Il s'affirme ensuite en choisissant méthodiquement un compagnon (chap. 19), puis les étapes de son voyage (chap. 21). Au chapitre 24, c'est lui qui manifeste le désir de rencontrer Pococuranté.

En outre, Candide influence la vie d'autrui grâce à l'argent ramené d'Eldorado : il entretient Martin (chap. 19), rachète Pangloss et le baron (chap. 27), Cunégonde et la vieille (chap. 29). Enfin, il se sépare du baron, épouse sa soeur, indique à ses amis le vrai bonheur (chap. 30). Le fait qu'il chasse le baron au lieu de le tuer montre qu'il domine maintenant ses passions.

De la folie à la raison

Ces changements s'accompagnent d'une évolution intellectuelle : le héros conquiert une pensée autonome.

Au château, il « écoutait attentivement et croyait innocemment », et répétait les discours de Pangloss comme un perroquet. Au contact des dures réalités, il se pose ensuite quelques questions, mais continue d'expliquer les événements par la logique optimiste.

Le tremblement de terre et l'Inquisition ébranlent pour la première fois sa confiance : « Si c'est ici le meilleur des mondes possibles, que sont donc les autres ?» (chap. 6). En Eldorado, il s'ouvre à l'esprit critique : « Quoi qu'en dît maître Pangloss, je me suis souvent aperçu que tout allait mal en Westphalie » (chap. 17). La rencontre avec le nègre de Surinam constitue le second choc : « C'en est fait, il faudra qu'à la fin je renonce à ton optimisme » ; « Ce Pangloss, disait-il, serait bien embarrassé à démontrer son système » (chap. 19).

Par la suite, Candide oscille entre optimisme et pessimisme, mais résiste à la tentation d'adopter les vues trop sombres de Martin. La voie qu'il choisira finalement, après une ultime désillusion sur l'amour, qui jusqu'ici le conservait en vie et guidait sa quête, lui est personnelle. Il s'affirme contre toute métaphysique, et son apprentissage s'achève par la célébration active de la seule valeur vraiment sûre, le travail au « jardin ». Il coupe désormais la parole à son ancien précepteur.

3. LE SENS DE CET APPRENTISSAGE

Une leçon de vie

Au-delà du débat philosophique, auquel on le réduit bien souvent, au-delà du voyage plein de péripéties fantaisistes qui lui sert de cadre, *Candide* donne également une leçon de vie : peu à peu le héros y affirme sa personnalité. Candide reçoit en effet une éducation très complète. Il traverse l'Histoire et le globe, côtoie tous les milieux sociaux. Il réfléchit sur les systèmes intellectuels permettant d'analyser le monde. Mais il éprouve également toutes sortes d'émotions : la perte des êtres chers, la joie des retrouvailles, les plaisirs et les peines de l'amour ou de l'amitié. Il connaît tour à tour la pauvreté et la richesse, qui modifient ses rapports avec autrui. Tous ces thèmes font partie des romans d'éducation de l'époque, où l'on trouve par exemple, de façon quasi systématique, l'épisode de la conquête d'une belle dame de Paris ou la rencontre avec un vieux sage.

L'apprentissage de Candide se traduit par la perte progressive de toutes ses illusions d'enfant. Il découvre, à travers le souper des princes ou la rencontre de Pococuranté, que la noblesse ou la richesse ne font pas le bonheur. De l'amour, idéalisé comme « le consolateur du genre humain », il n'a reçu « qu'un baiser et vingt coups de pied au cul » (chap. 4). Il a vu les effets de la vérole sur Pangloss, ceux de la prostitution sur Paquette. L'omniprésence du Mal (guerres, intolérance religieuse, maladie) pourrait le mener au suicide. Parfois il pleure, ou s'enfonce dans une « noire mélancolie » (chap. 19, 24). Mais, et c'est le propre de tout apprentissage, Candide surmonte ces épreuves et se métamorphose.

« Jeune métaphysicien fort ignorant des choses de ce monde » (chap. 2), il devient un homme expérimenté. Son parcours comprend trois étapes. Il cherche d'abord le meilleur des mondes, le monde idéal. Après l'avoir trouvé, dans l'Eldorado, pays d'un bonheur parfait mais imaginaire, il oriente sa quête vers un bonheur plus humain, caractérisé par la richesse et l'amour. Mais il déchante bientôt, en perdant ses moutons chargés de diamants et en sombrant dans l'ennui de l'oisiveté. Il retrouve une Cunégonde acariâtre et fanée. Son troisième objectif, « cultiver [son] jardin », travailler au sein d'une petite société d'amis choisis, sera le bon. il réussit même à fonder avec Cunégonde un couple durable, construit sur la bonne volonté réciproque et la fidélité.

Les aspects autobiographiques

Cette leçon de vie puise dans l'expérience personnelle de l'auteur, discrètement omniprésente. Le débat philosophique correspond au parcours de Voltaire, optimiste repenti, entouré d'optimistes incorrigibles comme son amie la duchesse de Saxe-Gotha, émule de Pangloss, qui se dit heureuse au beau milieu de la guerre de Sept Ans[1].

Les principaux événements historiques mentionnés sont ceux qui passionnent Voltaire lorsqu'il se penche sur le passé, ou lorsqu'il subit le choc du séisme de Lisbonne. L'Inquisition le révolte, la morgue nobiliaire fait souffrir ce bourgeois. Le désenchantement amoureux de son héros vient d'une prise de conscience des limites de l'amour chez un auteur trompé par sa maîtresse Mme du Châtelet, déçu par sa nièce Mme Denis. Mille allusions parsèment ainsi le conte. Les atermoiements de Candide entre optimisme et pessimisme, ses crises de mélancolie ou ses joies transposent des mouvements de balancier psychologique propres à son créateur. La fin du conte correspond au choix fait par un Voltaire sexagénaire, fatigué des plaisirs et des souffrances d'une vie aventureuse : il tente, dans sa propriété campagnarde (« Les Délices »), d'organiser une petite société laborieuse et protégée des tourments de l'actualité.

Roman d'apprentissage à part entière, *Candide* s'apparente, par son mélange d'aventures et de réflexion sur la vie, aux meilleurs ouvrages de ce genre au XVIIIe siècle : le *Télémaque* de Fénelon, l'*Histoire de Gil Blas de Santillane* de Lesage, *La Vie de Marianne* de Marivaux, l'*Émile* de Jean-Jacques Rousseau, en attendant les grands romans du XIXe siècle, où s'affinera la psychologie des personnages.

---

1. Guerre opposant l'Autriche, la France et la Russie à la Prusse et l'Angleterre (1756-1763). Elle se déroule surtout dans l'actuelle Allemagne, notamment en Saxe.

8 Les personnages comme marionnettes

« Les personnages de Voltaire, écrivit Stendhal en marge de son exemplaire de *Candide* en 1840, manquent de vérité, de naturel, le pamphlet se voit au travers ». Ce reproche a souvent été fait au conteur : ses créatures ne seraient que des marionnettes. Les héros sont stylisés, c'est-à-dire réduits à quelques traits physiques ou psychologiques. En outre, Voltaire les utilise au service de sa démonstration. Pourtant la sensibilité et l'expérience personnelle de l'auteur donnent à certains d'entre eux davantage d'épaisseur.

1. DES PERSONNAGES STYLISÉS

Des silhouettes et une psychologie succincte

La description physique des héros reste le plus souvent inexistante (le baron, son fils, Pangloss, Martin, Pococurantè, etc.). Elle se réduit parfois à quelques traits (le poids de la baronne, la beauté sensuelle de Cunégonde, « fraîche, grasse, appétissante », la jolie peau de Candide). L'évocation par la vieille des charmes de sa jeunesse (chap. 11) se limite à quelques exclamations convenues sur la perfection de sa gorge ou de ses yeux. Voltaire, en revanche, s'attarde davantage sur les ravages des ans ou de la maladie. La vieille a des « yeux éraillés et bordés d'écarlate » (chap. 11) ; les effets de la vérole sur Pangloss sont longuement décrits (fin du chap. 3).

La psychologie est à peine plus développée. Le chapitre 1, qui présente les principaux personnages, se révèle significatif à cet égard. Voltaire ne note qu'une ou deux caractéristiques pour chacun, sauf Candide, qui a droit à un paragraphe plus long, et Pangloss, que l'on entend discourir. Ailleurs, les caractères sont simplement esquissés, limités à une qualité ou un défaut, et liés à une situation sociale, religieuse ou professionnelle. Jacques est un « bon anabaptiste », Pococuranté un riche sénateur qui s'ennuie, Martin un manichéen malheureux, Cacambo un valet débrouillard.

À la limite, le nom des personnages suffit à les définir. C'est évident pour Pangloss (« tout parole » en grec), Vanderdendur (qui a la « dent dure »), Pococuranté (« qui se soucie de peu de chose » ou « peu soucieux » en italien), le gouverneur don Fernando d'Ibaraa, y Figueora, y Mascarenes, y Lampourdos, y Souza (la longueur et l'enflure indiquent le noble imbu de lui-même).

Des types littéraires ou sociaux

Le nom parfois n'est même pas donné, et le personnage se limite à une référence littéraire ou sociale. La vieille n'a ni prénom ni patronyme. Elle a une origine (fille d'un pape), mais surtout elle ressemble à un type théâtral et romanesque qui date de l'Antiquité : l'entremetteuse, femme laide mais habile pour réunir ou unir les couples. De même, Cacambo ressemble aux centaines de valets malins et fidèles à leur maître, que l'on trouve dans les comédies grecques et romaines de Ménandre ou de Plaute, chez Molière, et, plus tard, dans le Figaro de Beaumarchais. Pangloss fait penser aux ridicules docteurs amoureux de la comédie italienne, ou bien aux pédants de Molière (Trissotin, Vadius). Les sages vieillards, si nombreux dans *Candide* (celui de l'Eldorado, le savant parisien, le derviche, le Turc), viennent tout droit des romans d'apprentissage ou des contes philosophiques. Les religieux obsédés sexuels, dont Voltaire se moque à plusieurs reprises, datent des fabliaux du Moyen Âge.

Il faut observer d'ailleurs que les descriptions physiques ou psychologiques précises sont peu courantes dans le roman avant Jean-Jacques Rousseau, qui approfondira, dans

La Nouvelle Héloïse (1761), le caractère de ses créatures. Ce roman aura une grande influence sur la littérature, et même sur Voltaire. Candide et sa bien-aimée, par exemple, sont moins consistants que d'autres héros de contes voltairiens ultérieurs, comme l'Ingénu[1].

Dans *Candide*, en outre, l'utilisation parodique s'aggrave d'une utilisation à des fins polémiques.

2. DES PERSONNAGES AU SERVICE D'UNE CAUSE

Une démonstration polémique

Candide, au-delà du conte traditionnel, se veut une démonstration rigoureuse contre l'optimisme[2], mais aussi contre la guerre, l'intolérance religieuse, l'esprit de caste, les vices humains. C'est pourquoi les personnages négatifs se réduisent au défaut qui les condamne, et adoptent un comportement sans nuance. Ainsi Pangloss, qui symbolise l'optimisme honni par l'auteur, voit la réalité contredire sans cesse ses discours. Dans ses écrits historiques, qui sont moins polémiques, Voltaire reconnaît que les jésuites du Paraguay ont protégé les Indiens contre les exactions des colons espagnols. Dans *Candide*, il ne retient que les actions condamnables : l'exploitation des pauvres, le goût de la guerre et du pouvoir. De façon générale, tous les membres du clergé ou les soutiens du catholicisme ou du protestantisme bornés sont présentés comme imbéciles (l'Université du Coïmbre, dirigée par des religieux, au chapitre 6 ; le prédicant hollandais du chap. 3 ; les nombreux prêtres ou abbés licencieux qui parsèment le conte).

Mais l'auteur veut aussi lancer un message d'espoir. Face aux méchants, il dresse quelques héros positifs, dont le nom en général plus simple (Candide, Cacambo, Jacques,

---

1. Dans *L'Ingénu*, publié après *La Nouvelle Héloïse*, Voltaire se livre à une parodie du roman de Rousseau.
2. Sur la notion d'optimisme, voir ci-dessus p. 11.

Martin) annonce une nature moins tortueuse. Cependant la stylisation les touche également, car ils participent à la démonstration. Voltaire oppose Pangloss et Martin, qui représentent l'un l'optimisme, l'autre le pessimisme. De même, Pococuranté, riche et plongé dans l'ennui, contraste avec le vieux Turc, plus pauvre mais plus heureux.

Le théâtralisation

La volonté de vulgarisation chez Voltaire aboutit à théâtraliser le conte, c'est-à-dire à simplifier l'action et les caractères pour les rendre plus vivants et accessibles au grand public. On retrouve ici sa volonté de « faire court et salé », comme il l'annonçait dans une lettre à Moultou en 1743. Mais il ne faut pas oublier non plus que les contes, à l'époque, sont souvent lus en public, et donc se rapprochent de la scène.

En outre, Voltaire ne se contente pas de réjouir son lecteur en jouant habilement de tous les lieux communs efficaces d'une littérature de distraction. Il poursuit, comme on l'a vu, un but de dénigrement systématique, en dénonçant par le ridicule tous les abus de son époque, ce qui l'amène à grossir les traits jusqu'à la caricature.

C'est pourquoi ses personnages, comme des marionnettes, qu'ils apparaissent pour un petit tour ou qu'ils occupent une plus grande place, conservent le même caractère. L'exemple le plus abouti est l'optimiste Pangloss, pour lequel Voltaire utilise le procédé comique bien connu de la répétition : le précepteur persiste dans son optimisme et ses faux raisonnement jusque dans les situations les plus dramatiques. Son inadaptation à la réalité en fait un pantin, et sa dureté pour autrui, son insensibilité le rendent antipathique. Même effet pour le jeune baron prétentieux, qui dresse son épée avec la précision d'un ressort à chaque mention d'un éventuel mariage du bâtard roturier avec sa sœur. Le doux Candide lui-même n'échappe pas à la règle : ballotté de pays en pays, d'aventures en mésaventures durant la plus grande partie du conte, il est animé d'idées fixes (trouver l'explication du monde ou le bonheur), et toujours mené par la pulsion sensuelle qui le pousse vers Cunégonde.

3. ÊTRES DE CHAIR OU MARIONNETTES

Le théâtre de la vie

Il est indéniable que Voltaire ressemble à un montreur de marionnettes qui en tire les fils, pour persuader la raison et le cœur de ses auditeurs ou de ses lecteurs. Mais cette théâtralisation correspond également à sa conception de l'existence. Sa réflexion sur l'être humain l'a conduit, à l'époque de la rédaction du conte, à penser que l'on ne peut ni connaître la volonté divine, ni expliquer le monde. Celui-ci reste une énigme, dans laquelle les hommes se meuvent sans raison apparente, ni déterminisme, ni libre arbitre (voir p. 11 la question 2 sur l'optimisme et le pessimisme). « Nous sommes dans cette vie des marionnettes que Brioché[1] mène et conduit sans qu'elles s'en doutent », observe-t-il le 2 janvier 1748 dans une lettre à son ami Cideville. Candide retranscrit ce sentiment, désenchanté mais lucide.

Des moments d'émotion

Cette vision n'exclut pas chez Voltaire, et dans *Candide*, les élans de vie, car l'auteur reste un homme passionné, épris de la vie, prompt à vibrer aux injustices. Sa démonstration, sa virtuosité dans le maniement des procédés littéraires ne seraient pas complètement efficaces sans un appel à l'émotion, né d'une expérience individuelle et incarnée.

Il arrive donc que ses marionnettes deviennent vivantes et émouvantes, que leur psychologie s'approfondisse. Candide surtout évolue, et devient attachant par l'émotion qu'il manifeste devant les souffrances humaines (celle du nègre de Surinam, par exemple). Comme la vieille, il est tenté par le suicide, auquel semble le conduire inéluctablement son destin de victime, mais il y résiste par son amour de la vie et sa volonté de construire un bonheur durable. Il souffre de la violence, mais peut aussi devenir violent au point de tuer : sa psychologie se révèle plus complexe qu'on ne le

---

1. Brioché fut un célèbre montreur de marionnettes du XVIIe siècle.

croirait. D'autres personnages ont une épaisseur qui transparaît lorsque l'on affine l'analyse : Martin est à la fois un philosophe pessimiste, pendant exact de Pangloss, et un homme qui a beaucoup vécu, rempli de sang-froid dans les situations délicates, un ami fidèle, qui trouvera comme Candide, et avant lui, le mot de la fin, « Travaillons sans raisonner [...], c'est le seul moyen de rendre la vie supportable » (chap. 30). L'anabaptiste Jacques est à la fois un commerçant avisé, un ami généreux, un sage qui a médité sur la vie (chap. 4). La vieille est touchante par ses malheurs, qu'elle compense par sa dignité, son pragmatisme et son activité. Le nègre de Surinam frappe par son bon sens et son absence de haine malgré les traitements qu'il a subis.

Indéniablement, les héros de *Candide* ressemblent davantage à des marionnettes qu'à des êtres de chair. Cette caractéristique tient surtout aux objectifs polémiques, ou à la conception du monde chez Voltaire au moment de la rédaction du conte. Mais celui-ci atteint aussi son but par la profondeur à laquelle parviennent parfois les personnages.

9 Les procédés de la satire

Pour dénoncer les injustices ou les vices, on peut soit provoquer directement l'horreur et l'indignation par l'énoncé des faits, soit utiliser la satire, qui consiste à faire rire pour que le lecteur condamne les faits. *Candide* privilégie la seconde solution. L'humour, l'ironie, le comique constituent ses principaux moyens.

1. L'HUMOUR

La distanciation par rapport au réel

L'humour consiste à provoquer le rire par un décalage entre la gravité des faits réels et le détachement avec lequel l'auteur les décrit. Une situation qui devrait provoquer une émotion ou un jugement est évoquée de façon neutre, apparemment objective. Mais cette impassibilité fait ressortir avec plus de force encore l'absurde ou l'horreur du réel.

Pour être efficace, l'humour suppose que le lecteur partage l'opinion cachée de l'auteur. Sans cette complicité, il risque d'y avoir un malentendu, et l'humour ne sera pas perceptible.

Des exemples permettront de comprendre ce mécanisme. Au chapitre 1, Candide juge Pangloss « le plus grand philosophe de la province, et par conséquent de toute la terre ». Voltaire rapporte cette opinion sans la commenter, mais le lecteur sourit de la naïveté du héros, dont l'admiration exagérée vient de l'ignorance du monde.

Au Paraguay, Candide cherche le chef des jésuites. Un sergent lui dit : « Il est à la parade après avoir dit sa messe, [...] ; et vous ne pourrez baiser ses éperons que dans trois heures » (chap. 14). Ces informations reposent sur des faits exacts, mais dénoncent les travers des religieux, qui se transforment en soldats quelques minutes après une cérémonie où ils sont censés prêcher l'amour du prochain. Ils se conduisent en outre comme des seigneurs hautains, alors que le Christ prônait la modestie et la pauvreté.

L'humour noir

Cette forme d'humour intervient lorsque l'on décrit sans émotion des situations atroces, comme si elles étaient tout à fait normales et banales. Le sentiment d'horreur devient encore plus fort que si l'auteur s'indignait. En effet, l'émotion naît directement, elle n'est pas guidée.

Au chapitre 9, voici ce qu'il advient des cadavres des deux amants de Cunégonde tués par Candide : « on enterre monseigneur dans une belle église, et on jette Issachar à la voirie. » Ces renseignements sont donnés sans commentaires. Pourtant le lecteur est frappé par la différence entre le sort des deux hommes : l'un reçoit une sépulture splendide, l'autre en est privé. C'est que l'un est chrétien, l'autre juif : l'intolérance religieuse des jésuites va jusqu'à mépriser et maltraiter, même après leur mort, les gens qui ne partagent pas leur croyance.

Voltaire accentue souvent ce procédé en accumulant avec une indifférence apparente les détails réalistes les plus crus. Le récit du naufrage et du séisme (chap. 5) est long mais simple et sec. A la pitié, née de ce drame, s'ajoute l'indignation devant les sorts contrastés du bon anabaptiste, qui meurt, et du cruel matelot, qui survit.

L'histoire de la vieille (chap. 11-12) n'est qu'une longue série de malheurs, que la répétition rend banals, et qui culminent avec une vision presque risible tant elle semble absurde : « Un Maure saisit ma mère par le bras droit, le lieutenant de mon capitaine la retint par le bras gauche ; un soldat maure la prit par une jambe, un de nos pirates la tenait par l'autre. » La femme sera déchirée, massacrée : beau résultat d'un combat où les deux groupes d'hommes voulaient s'emparer d'elle vivante...

Le procédé de l'«étranger»

La découverte de la réalité par un être « étranger » est un procédé courant de l'humour. Ce personnage particulier est extérieur parce qu'il provient d'un autre pays, ou bien parce que son innocence, sa « candeur » le font échapper à la routine, au conformisme qui nous poussent à trouver normale une situation révoltante.

Les *Provinciales* (1657) de Blaise Pascal dénoncent par ce moyen les querelles religieuses du XVIIe siècle : ces lettres sont écrites par un Parisien faussement naïf à un ami qui vit en province. Montesquieu, dans ses *Lettres persanes* (1721), met en scène un jeune Persan qui découvre les moeurs étranges des Français. Voltaire reprend ce procédé dans *Candide* ou dans *L'Ingénu*, dont les héros, grâce à leur intelligence encore vierge de préjugés, s'étonnent des injustices de la vie et de la société.

La distanciation introduite par ce type de personnage fonde l'humour, mais se prête également à d'autres formes de satire : l'ironie, le comique.

2. L'IRONIE

Définition et mécanismes de l'ironie

Dans *Le Rire* (1940), Henri Bergson analyse l'ironie comme un procédé inverse de l'humour. Ce dernier consiste à « décrire minutieusement et méticuleusement ce qui est en affectant de croire que c'est bien là ce que les choses devraient être ». L'ironie consiste, elle, à « énoncer ce qui devrait être en feignant de croire que c'est précisément ce qui est » : on dit le contraire de ce que l'on pense. Lorsque Voltaire parle d'un « bel autodafé » (chap. 6), il faut donc comprendre « un horrible autodafé ». L'adjectif

« bel » présente comme agréable une cérémonie religieuse cruelle.

Dans *Candide*, la critique de Pangloss et de l'optimisme passe constamment par l'ironie. En effet, le philosophe explique que « tout est bien » (chap. 1, 5), que « les malheurs particuliers font le bien général » (chap. 4), que les causes s'enchaînent d'une façon rationnelle pour produire finalement le meilleur des mondes possibles. Cette affirmation repose sur un système intellectuel, une démonstration quasi mathématique, que le précepteur veut plaquer sur la réalité : « Il est démontré, disait-il, que les choses ne peuvent être autrement » (chap. 1). Or la réalité contredit cette thèse tout au long du conte, en accumulant des malheurs dont il ne sort guère de bien : ce qui devrait être n'est pas. Cette contradiction ruine l'optimisme et ridiculise ses défenseurs.

Mais l'ironie s'applique aussi à d'autres cibles visées par l'auteur. Les autorités du clergé ou de l'armée en font souvent les frais, car elles prétendent faussement posséder la vérité ou agir réellement pour le Bien.

Les moyens stylistiques de l'ironie

Parmi les nombreuses figures de style possibles, l'une des plus courantes pour exprimer l'ironie est l'antiphrase, qui consiste à dire le contraire de ce que l'on pense. C'est le cas du « bel autodafé », mais on trouve bien d'autres exemples dans le conte. Au chapitre 14, Cacambo loue l'organisation instaurée par les jésuites au Paraguay : « Los Padres y ont tout, et les peuples rien ; c'est le chef-d'œuvre de la raison et de la justice.» En fait, pour Voltaire, il s'agit de dénoncer l'exploitation des Indiens par des Occidentaux. Ici, l'antiphrase se double d'une hyperbole (« le chef-d'œuvre »). L'hyperbole consiste à augmenter ou diminuer excessivement la vérité des choses pour qu'elle produise plus d'impression.

Le jeu sur les causalités est tout aussi courant. Voltaire s'amuse à établir, ou à faire établir par ses héros, des relations fausses entre les événements. C'est son arme préférée pour révéler l'ineptie des raisonnement de Pangloss. Par exemple, au chapitre 4, le précepteur explique à son élève que la vérole était indispensable, puisqu'elle a provoqué un bienfait pour l'humanité : « car, si Colomb n'avait pas attrapé dans une île de l'Amérique cette maladie [...], nous n'aurions ni le chocolat ni la cochenille.» En fait, il n'y a aucun lien de cause à effet entre les deux.

Ailleurs, l'effet obtenu n'est pas celui que l'on espérait : l'université de Coïmbre organise un autodafé pour empêcher un nouveau séisme,mais la terre tremble immédiatement après (chap. 6), ce qui révèle l'imbécillité et la cruauté inutile des croyances répandues par de faux savants. Il arrive enfin que la vraie cause soit sous-entendue, ce qui rend absurde l'action racontée : l'université fait saisir « un Biscayen convaincu d'avoir épousé sa commère », « deux Portugais qui ont arraché le lard d'un poulet ». Ces personnes ont transgressé des interdits religieux, mais Voltaire ne le dit pas, ce qui met en relief le contraste entre leur action, somme tout banale, et le châtiment horrible qui va suivre.

3. LE COMIQUE

Formes traditionnelles du comique

Voltaire combine l'ironie et l'humour avec les recettes habituelles du comique, qui touche les mots, les caractères et les situations.

L'expression : « la métaphysico-théologo-cosmolonigologie » (chap. 1) relève du comique par son caractère trop savant et surtout sa fin, qui introduit subrepticement l'adjectif « nigaud », ruinant ainsi le sérieux et la crédibilité de Pangloss. Même effet dans l'enflure du nom du gouverneur de Buenos Aires, don Fernando d'Ibaraa, y Figueora, y Mascarenes, y Lampourdos, y Souza.

Le comique de caractère est constant. Pangloss s'entête dans ses erreurs malgré les évidences : « Il ne me convient pas de me dédire, Leibniz ne pouvant pas avoir tort » (chap. 28). Candide fait rire par son incorrigible naïveté : il s'imagine par exemple que les Hollandais, parce qu'ils sont riches et chrétiens, le recevront à bras ouverts (chap. 3).

Le comique de situation utilise les contrastes entre la candeur du héros et la noirceur des gens qu'il rencontre. Ainsi les soldats bulgares enrôlent Candide de force (chap. 2). Le pragmatisme de Cacambo tranche avec la naïveté de Candide : ce dernier croit que des singes attaquent les femmes, et s'étonne ensuite de leur « bonté d'âme » quand elles pleurent la mort de ces bêtes. Cacambo, lui, comprend que c'était une scène d'amour (chap. 16).

Voltaire multiplie aussi les revirements des personnages, qui les apparentent à des marionnettes agitées par des passions contradictoires. Au chapitre 15, le baron embrasse Candide dans sa joie des retrouvailles et le traite de « frère », de « sauveur », puis l'insulte lorsqu'il apprend son projet d'épouser Cunégonde (« insolent », « coquin »).

Enfin, l'auteur recourt systématiquement au comique de répétition. Pangloss débite le même discours en toutes circonstances. Pococuranté critique tout (chap. 25), les princes du souper vénitien ont tous la même histoire (chap. 26) et terminent leurs récits de façon identique : « Je suis venu passer le carnaval à Venise. »

Parodie et pastiche

La parodie consiste à imiter une œuvre ou un personnage, dans un but ironique ou simplement comique. Le pastiche est un procédé analogue, qui porte surtout sur le style d'un artiste dont on se moque en l'imitant. Dans *Candide*, Voltaire pastiche les longues généalogies de l'Ancien Testament lorsqu'il énumère les étapes de la transmission d'une maladie vénérienne, la vérole (chap. 4). Il parodie le style des romans d'amour en accumulant les scènes de retrouvailles émues entre les personnages, par l'abus des interjections et des apostrophes, par l'exagération des gestes : « Ô Ciel ! est-il possible [...] Quel miracle ! [...] Serait-ce vous ? [...] Cela n'est pas possible [...]. Ils se laissent tomber tous deux à la renverse, ils s'embrassent, ils versent des ruisseaux de larmes » (chap. 14).

Le roman d'aventures, le roman picaresque, le genre littéraire de l'Utopie ou du conte oriental et exotique subissent le même traitement.

Le burlesque

Cette forme de comique traite un sujet noble, héroïque ou tragique avec un style bas, prosaïque. La situation dramatique de la vieille est drôle par l'évocation répétée de la demi-fesse qui lui reste (chap. 12). Candide, à Venise, imagine le sort romanesque réservé à Cunégonde : « Tu lui as sans doute acheté un palais à Constantinople ?» Cacambo répond avec trivialité : « Cunégonde lave les écuelles sur le bord de la Propontide » (chap. 27). On trouve la même dérision dans le dialogue du nébuleux philosophe Pangloss et du sage turc du chapitre 30 :

> « Je me flattais, dit Pangloss, de raisonner un peu avec vous des effets et des causes, du meilleur des mondes possibles, de l'origine du mal, de la nature de l'âme, et de l'harmonie préétablie ». Le derviche, à ces mots, leur ferma la porte au nez.

Ici, la parodie littéraire se double d'une satire des mœurs, en rendant les personnages ridicules.

La variété, la pertinence des procédés satiriques ont fait la renommée de *Candide*, qui rejoint ainsi les grands succès du genre : *Les Voyages de Gulliver* de Jonathan Swift, *Les Provinciales* de Blaise Pascal, les *Lettres persanes* de Montesquieu, ou les pièces de Molière.

10 Structure et rythme du récit

Candide donne l'impression d'une addition d'aventures disparates. Pourtant le conte est solidement construit. En outre, le rythme de la narration unit intimement les péripéties.

1. L'ABSENCE APPARENTE DE STRUCTURE

Une accumulation d'épisodes

La chronologie des événements est difficile à établir en raison d'indications temporelles rares et peu claires. Les changements de lieux et de saisons interviennent rapidement. Ce caractère très lâche du récit apparaît dès le début : Candide, chassé du château, se retrouve au milieu de « gros flocons » de neige (chap. 2), alors que le climat se prêtait, la veille, aux ébats amoureux en plein air (chap. 1). Voltaire prend souvent des libertés avec les événements réels. Le tremblement de terre de Lisbonne (novembre 1755) intervient au chapitre 5, alors que la guerre de Sept Ans, qui lui est postérieure (1756), occupe le chapitre 3.

À la succession d'événements désordonnés s'ajoute celle des contrées visitées et des personnages, dont la plupart ne réapparaissent plus. Sur la quinzaine de lieux traversés, seuls trois occupent plus de deux chapitres : Lisbonne (chap. 5-9), Venise (chap. 24-26), Constantinople et ses abords (chap. 27-30). Et le récit de la vieille évoque une vingtaine de villes en deux chapitres...

Voltaire juxtapose des tableaux formant une petite unité dissociable des autres. Cette composition permet d'ajouter des épisodes au fil des éditions : la discussion avec le nègre de Surinam, absente du manuscrit, fut intercalée juste avant la première édition de 1759 ; le chapitre 22 sur Paris fut considérablement rallongé en 1761.

Par ailleurs, Voltaire recourt aux récits emboîtés, qui firent le succès des romans du XVIIe siècle et seront repris au XVIIIe siècle, par exemple dans *La Vie de Marianne* de Marivaux. Il s'agit d'insérer dans le récit l'histoire d'un personnage secondaire. Outre la vie des six princes, on trouve les récits de Pangloss (chap. 4, 28), Cunégonde (8), la vieille (11-12), le baron (15, 28), Martin (20-21), Giroflée et Paquette (24). La prise du château est ainsi racontée trois fois, par Pangloss, par Cunégonde et par le baron. Rien ne s'oppose à multiplier ainsi les récits.

Le désordre apparent des thèmes

La fantaisie chronologique s'accompagne d'une grande liberté dans le traitement des thèmes. Ici encore le lecteur se trouve devant un catalogue désordonné. Le conte débute classiquement par un baiser et s'achève par un mariage, en passant par les séparations et retrouvailles du couple central. Mais les deux héros sont rarement réunis. *Candide*, en revanche, offre une incroyable galerie de formes de sensualité : la femme entretenue (Cunégonde à Lisbonne puis à Buenos Aires), les amours ancillaires (Pococuranté et ses servantes), la prostitution populaire (Paquette) ou de salon (marquise du chap. 22), l'homosexualité (chap. 4 sur la généalogie d'une maladie sexuellement transmissible, la vérole ; chap. 15 pour la tendresse du père Croust envers le baron). Ni les problèmes sexuels des castrats (chap. 11), ni la zoophilie (chap. 16) n'échappent à cette liste imposante.

Même exhaustivité débridée pour le thème de la religion. Voltaire évoque les catholiques, les protestants, les déistes de l'Eldorado, les musulmans, avec leurs sous-groupes : anabaptiste, jésuite, théatin, cordeliers, imam, derviche, muphti.

On citera d'autres exemples de thèmes ainsi traités : la guerre, les philosophes, etc. Mais le souci d'exhaustivité ne saurait assurer l'unité du conte. L'auteur procède aussi par répétitions, pour le viol (viols de Cunégonde, de la vieille), les pirateries (chap. 11, 20), l'esclavage (chap. 12 pour le rachat de la vieille, chap. 19). Le souper de Venise (chap. 26) fait entendre les récits de six princes déchus dans des conditions assez proches.

2. UNE STRUCTURE DISCRÈTE ET COMPLEXE

Parallélismes et contrastes

Cette accumulation pourrait ne pas avoir de fin, ni d'autre lien que l'énoncé de tous les malheurs du monde. Pourtant les épisodes entretiennent entre eux des correspondances multiples et complexes.

La répétition approfondit la réflexion sur un thème, parfois à plusieurs chapitres de distance, par des variations significatives. Voltaire renforce ainsi sa critique des fanatismes en dénonçant à deux reprises l'utilisation de la religion au milieu des guerres. Pendant le combat du chap. 3, « les deux rois faisaient chanter des *Te Deum* chacun dans son camp ». Durant le conflit marocain, les musulmans s'entretuaient « sans qu'on manquât aux cinq prières par jour ordonnées par Mahomet » (chap. 11). L'auteur montre ainsi qu'il ne réprouve pas une religion particulière, mais l'abus qui en est fait pour renforcer les conflits au lieu de favoriser la paix.

La critique s'effectue aussi par contrastes. Au chapitre 3, Candide rencontre un protestant qui l'insulte et refuse de l'aider, puis l'anabaptiste Jacques, qui le comble de bienfaits. À première vue, il n'existe aucun rapport entre ces deux hommes qui appartiennent à deux tendances différentes du christianisme. Pourtant le premier est intolérant car il chasse Candide uniquement parce qu'il ne partage pas ses principes théologiques. Au contraire, le second l'aide sans lui demander sa religion. La leçon morale du passage est que la vraie charité n'a rien à voir avec les finesses de la théologie.

Au chapitre 16, les Oreillons, qui sont des « sauvages » anthropophages, renoncent à tuer Cacambo et Candide après avoir entendu les arguments du valet. Ce bon sens contraste avec la barbarie des Européens, qui passent pourtant pour civilisés mais tuent sans écouter ni même sans respecter femmes ou vieillards, par exemple lors du massacre des Abares et des Bulgares (chap. 3).

Les préfigurations

Ailleurs, des aventures en préfigurent d'autres, tissant ainsi tout un réseau d'échos, l'un des épisodes amplifiant l'autre. La destinée de la vieille reprend et annonce celle de Cunégonde : belles, nobles et heureuses au départ, elles subissent le viol, l'esclavage, les ravages de la vieillesse. Mais le sort de la vieille est plus malheureux : elle est mutilée, solitaire, alors qu'elle était princesse (Cunégonde n'est que baronne). Voltaire montre ainsi que les malheurs sont relatifs.

De même, il n'est guère de chapitre sans mention de guerres contemporaines ou passées, mais seuls certains d'entre eux sont centrés sur ce thème (2, 3, 11, 12, 23). Les plus importants sont les chapitres 2 et 3, où le thème apparaît pour la première fois et longuement. Ils annoncent les autres passages, qui ne seront que des variations destinées à ancrer dans l'esprit du lecteur l'idée que les conflits sont inutiles et absurdes.

Un récit qui s'organise autour de fils directeurs

Le voyage, l'interrogation sur le monde, la quête de l'amour et du bonheur constituent les principaux guides autour desquels s'ordonnent les aventures. Voltaire ne se contente pas d'entrelacer les leitmotive, c'est-à-dire des thèmes qui reviennent à plusieurs reprises (la guerre, l'amour, la religion, le paradis).

L'ensemble du conte est unifié par le thème du voyage. En effet, les nécessités des transports de l'époque expliquent que Candide aille en Espagne afin de s'embarquer pour le Nouveau Monde, ou qu'il arrive en Turquie après un passage le long des côtes anglaises et une escale en Italie. Mais ses motivations changent au cours du périple.

D'abord, il fuit les malheurs, puis, après l'Eldorado, son voyage devient plus organisé. Il poursuit alors un but précis, revoir Cunégonde et utiliser sa richesse pour être heureux (voir p. 42, la question 7 : « *Candide*, roman d'apprentissage »). Ainsi les retrouvailles avec Cacambo à Venise n'obéissent plus au hasard : les deux amis se sont fixés rendez-vous. La traversée vers la Turquie vise à rejoindre la bien-aimée, qui lave des écuelles en Propontide. L'apparente incohérence des épisodes de la première moitié du conte obéit donc à un dessein de l'auteur, qui veut montrer combien son héros se laisse passivement guider par le hasard tant qu'il n'a pas mûri.

Les réactions différentes de Candide face aux mêmes péripéties révèlent la profonde évolution de son caractère. Au Paraguay, il tue le baron lorsque celui-ci refuse de le laisser épouser sa sœur (chap. 15). En Turquie, il se contentera de le chasser (chap. 30). Le jeune homme a appris à dominer ses passions. La façon dont il fait taire Pangloss à la fin du conte suggère combien il a pris ses distances avec les théories de son précepteur, qu'il écoutait aveuglément au départ.

3. LE RYTHME DU RÉCIT

Voltaire mène avec art un récit pourtant riche en péripéties. Le rythme qui contribue à structurer le conte sert ses intentions secrètes. La rapidité, l'alternance et l'enchaînement des faits stimulent l'attention du lecteur.

La rapidité du récit

Portraits et descriptions se réduisent au strict minimum. Le physique des personnages n'est qu'esquissé. De Candide, on ne saura que deux choses précises et utiles au récit : sa taille de « cinq pieds cinq pouces » justifie son enrôlement comme soldat (chap. 2) ; la qualité de sa peau émeut la sensualité de Cunégonde (chap. 8). Le Nouveau Monde n'est évoqué que par quelques animaux ou quelques plantes (chap. 14, 15 et 16).

Les événements se précipitent souvent en peu de lignes. Le chapitre 5 contient ainsi une tempête, un naufrage, un séisme. Une seule ligne peut contenir une série d'actions, comme le montre cette phrase du chapitre 6 : « Il s'en retournait, se soutenant à peine, prêché, fessé, absous et béni, lorsqu'une vieille l'aborda et lui dit [...] »

Cette rapidité, nécessaire au genre du conte, explique que Voltaire malmène la chronologie. Il enchaîne par exemple les deux séismes, alors qu'en réalité ils se sont produits à deux mois d'intervalle.

Ailleurs, il utilise la valeur des différents temps de notre langue pour signifier la durée des actes. Le chapitre 1 est à l'imparfait de l'indicatif pour l'évocation de l'enfance du héros, qui s'est déroulée sur plusieurs années. Le passé simple, temps des actions rapides ou uniques, marque en revanche la « chute » du jeune garçon chassé du paradis terrestre.

L'absence de mots de liaison entre les phrases contribue à la célérité de la narration. La fin du chapitre 13 est typique de cette juxtaposition de faits insérés dans des phrases courtes, mais on pourrait citer d'autres exemples.

L'alternance de rythmes différents

Ce procédé classique est commun aux contes, aux romans, au théâtre, à la musique ou au cinéma. Il consiste, pour ménager l'attention du public, à alterner des épisodes courts et longs, calmes ou violents.

Après le calme des deux chapitres consacrés à l'Eldorado, l'action est relancée par le chapitre 19, où Candide retrouve brutalement la dure réalité. Il rencontre le nègre de Surinam, apprend que Cunégonde est la maîtresse du gouverneur de Buenos Aires, se fait voler par Vanderdendur et un juge, et entend le récit d'hommes malheureux. Inversement, Voltaire avait alterné violence et réconfort en faisant rencontrer au chapitre 3 le bon anabaptiste par un Candide qui venait de vivre l'enrôlement, la guerre et la méchanceté du protestant hollandais (chap. 2-3).

L'insertion de récits dans le récit répond, malgré les apparences, à la même volonté d'une lecture au rythme enlevé. Elle permet de multiplier les expériences connues par Candide sans prendre le temps de les lui faire vivre. Voltaire en use d'ailleurs avec une relative économie lorqu'on le compare à d'autres auteurs. Il réserve ce procédé aux principaux personnages. Les plus longs (récits de Cunégonde et de la vieille) livrent une expérience féminine, différente de celle de Candide.

L'enchaînement des chapitres

Les titres sont variés. Ils stimulent l'intérêt en annonçant une catastrophe (chap. 1 : «[...] et comment il fut chassé d'icelui » [= d'ici]) ou un soulagement (chap. 7 : « Comment une vieille prit soin de Candide, et comment il retrouve ce qu'il aimait »). Ces annonces lient des aventures qui sans cela sembleraient juxtaposées ou isolées. Le même effet est obtenu en terminant un chapitre par le début d'une nouvelle péripétie : le lecteur a hâte de tourner la page. Candide est chassé du château dès les dernières lignes du premier chapitre. La dernière phrase du chapitre 2 annonce la bataille entre Abares et Bulgares, etc.

Parfois, au contraire, le titre d'un chapitre n'apprend pas l'essentiel : celui du chapitre 9 est banal ; pourtant le héros, d'ordinaire si doux, tuera deux hommes en quelques secondes. La surprise sera d'autant plus grande que rien ne la laissait présager.

L'auteur utilise donc toutes les ressources de l'écriture pour servir son dessein critique : le rythme enlevé, l'accumulation, les correspondances entre les faits contribuent à sa démonstration philosophique, en montrant par exemple l'ampleur du Mal dans le monde. Cette grande maîtrise des procédés littéraires explique le succès durable de *Candide*.

11 Point de vue et énonciation

Le point de vue selon lequel sont racontés les événements joue un rôle important pour la compréhension du récit et l'effet produit sur le lecteur. *Candide* présente la palette entière de ces moyens d'énonciation. Voltaire privilégie ceux qui servent son dessein critique, lequel est également renforcé par un mélange subtil des procédés.

1. LA VARIÉTÉ DES POINTS DE VUE

Une histoire peut être racontée par un personnage, par un témoin extérieur ou directement par un narrateur, qui s'identifie ou non à l'auteur. Chacune de ces modalités de narration, appelée « focalisation » par certains critiques, figure dans *Candide*.

La focalisation zéro (ou "point de vue omniscient")

Tel est le nom du procédé consistant à faire raconter par un narrateur complètement extérieur, qui sait tout des personnages, de leurs pensées secrètes et des événements. C'est le cas le plus courant à l'époque de Voltaire. Ce type de point de vue correspond en général à une volonté d'objectivité.

Dans *Candide*, le narrateur n'est pas l'auteur. La première page indique que le conte est traduit de l'œuvre d'un Allemand, le docteur Ralph. Mais nous n'en saurons pas plus.

Ainsi, dès le premier chapitre , nous voyons que le narrateur, sans être l'un des habitants de Thunder-ten-tronckh, connaît les soupçons des domestiques sur la bâtardise de Candide. Il sait que Candide trouve la jeune fille belle, « quoiqu'il ne prît jamais la hardiesse de le lui dire ». Il voit Cunégonde observer la scène d'amour entre Paquette et Pangloss, puis rien ne lui échappe de ce qui se passe derrière le paravent.

On en trouve un autre exemple à la fin du chapitre 9 : pendant que Candide et les deux femmes s'enfuient de Lisbonne, « la Sainte Hermandad arrive dans la maison ; on enterre monseigneur dans une belle église et on jette Issachar à la voirie.» Seul un narrateur omniscient et présent à deux endroits à la fois peut être informé de ces événements concomitants.

La focalisation externe

Elle consiste à montrer la réalité à travers les yeux d'un témoin extérieur, qui n'est pas l'un des héros, mais qui voit la scène comme s'il y assistait. Il peut ignorer certains faits, contrairement au narrateur omniscient de la focalisation zéro. Il n'est pas impliqué dans l'histoire, mais peut porter un jugement sur ce qu'il voit.

Au chapitre 2, il est dit que Candide est abordé par « deux hommes habillés de bleu » : le narrateur semble ne pas avoir reconnu dans ces vêtements les soldats recruteurs du roi des Bulgares. De même, au chapitre 3, «[l']homme qui venait de parler tout seul une heure de suite sur la charité dans une grande assemblée » n'est pas identifié comme un orateur protestant. Cette identité ne transparaîtra que dans ses paroles, lorsqu'il demande à Candide s'il croit que le pape est l'Antéchrist.

Souvent, également, on a l'impression que le narrateur assiste au dialogue des personnages, dont il enregistre fidèlement les paroles, presque sans commentaire (chap. 21 et 28).

La focalisation interne

Dans ce cas, c'est le point de vue subjectif d'un personnage qui est donné, soit par ses paroles, soit par ses pensées.

Les chapitres 8, 10 et 11 sont entièrement consacrés aux récits de Cunégonde et de la vieille, qui racontent et commentent longuement leurs aventures. Le plus souvent, le conte livre les réflexions de Candide : « Candide, épouvanté, interdit, éperdu, tout sanglant, tout palpitant, se disait à lui-même : "Si c'est ici le meilleur des mondes possibles, que sont donc les autres ?" [...] » (chap. 6). Mais le chapitre 19 révèle aussi le raisonnement de Vanderdendur, le marchand hollandais qui vole le héros.

2. L'ÉNONCIATION AU SERVICE DE LA SATIRE

S'interroger sur l'énonciation, c'est se demander qui parle, et à qui. On comprend mieux, ainsi, à qui appartient l'opinion exprimée.

Voltaire joue de chacun des modes d'énonciation pour agir sur le lecteur.

L'apparente objectivité

Si le récit était à la première personne, nous pourrions douter de la véracité des faits, et de la qualité de leur interprétation. Or, le but de Voltaire est de révolter le lecteur devant les faits, plutôt que de lui faire partager sa propre révolte ou celle d'un narrateur. Il est en effet plus efficace que le lecteur tire lui-même les conclusions de ce qu'on lui montre.

La plupart du temps, les événements sont donc énoncés à la troisième personne du singulier ou du pluriel, comme s'il n'y avait pas de vision subjective. Le narrateur ne dit « je » qu'une fois : « c'est, je crois, pour cette raison qu'on le nommait Candide » (chap. 1). Le choix d'un narrateur différent de l'auteur, le docteur Ralph, vise à protéger Voltaire de la censure, mais aussi à donner un gage de sérieux objectif au conte : le titre de « docteur » est le plus élevé de l'université germanique, et l'Allemagne était alors la patrie des plus grands philosophes.

La focalisation zéro permet également de montrer des événements qu'un seul témoin ou un personnage n'auraient pu connaître, et qui sont nécessaires à la critique religieuse ou sociale. Dans l'exemple donné plus haut, le fait qu'Issachar soit jeté à la voirie et l'Inquisiteur enterré en grande pompe n'est pas innocent : il montre la scandaleuse inégalité de traitement que subissent les juifs en raison de l'intolérance chrétienne.

La personnalité du narrateur explique aussi ses références savantes au système philosophique de l'optimisme, ou aux règles juridiques de la guerre. La phrase : «C'était un village abare que les Bulgares avaient brûlé, selon les lois du droit public » (chap. 3), est une allusion à un célèbre ouvrage de Grotius, *Du droit de la guerre*. Ce livre présentait les conflits armés comme l'une des relations normales entre les peuples, et discutait des règles à suivre en ce domaine. En juxtaposant dans le récit l'expression « droit public » et la description des massacres, Voltaire dénonce, sans avoir à la souligner, la cruauté de ces théories, élaborées en dehors des souffrances humaines. L'objectivité du narrateur est ici au service de la satire voulue par l'auteur.

Néanmoins, cette objectivité est parfois volontairement oubliée ; le narrateur n'hésite pas à porter des jugements sur les personnages pour influencer le lecteur par un simple mot glissé dans un récit apparemment objectif. Parmi les nombreux exemples, on citera les chapitres 4, 5, et 6, où Jacques est constamment désigné comme un « bon » anabaptiste, un homme « charitable », tandis que le matelot qui le noie est un « brutal ». À deux reprises, le narrateur juge que Candide est « bon » (chap. 9 et 24) ainsi que le vieillard turc (chap. 30).

La force de la subjectivité

La naïveté de Candide est souvent présentée avec amusement, par exemple lorsqu'il croit que Pangloss est « le plus grand philosophe de la province, et par conséquent de toute la terre.» (chap. 1). Il en est de même quand il manifeste sa joie avec trop d'enthousiasme lors de retrouvailles avec Cunégonde (chap. 7). Cette illusion vient de son ignorance du monde. Mais Voltaire fait du jeune homme le héros central, celui dont la focalisation interne est la plus fréquente, pour que le lecteur s'identifie insensiblement à ce personnage sympathique, compatisse à ses malheurs et partage ses révoltes. Jamais le narrateur ne quitte Candide, seul personnage toujours présent, qu'il soit vu de l'extérieur ou que le conte nous livre ses pensées. Le procédé le plus courant consiste à montrer la réalité à travers les yeux du jeune homme, qui s'étonne des incohérences et des injustices soudain révélées. Ainsi, au chapitre 2, « Candide, tout stupéfait, ne démêlait pas encore trop bien comment il était un héros », puisque être héroïque signifie que l'on est manié comme une marionnette par les sergents recruteurs, et battu « de trente coups de bâton » sans raison visible.

L'évolution progressive de Candide vers le refus de l'optimisme devient celle du lecteur, comme elle fut d'ailleurs celle de Voltaire. L'auteur est en effet un optimiste repenti, scandalisé successivement par le tremblement de terre de Lisbonne, la guerre de Sept Ans ou l'assassinat de l'amiral Byng, comme l'est son héros (chap. 6, 3 et 23), pour des événements intervenus en 1756 et 1757. Les larmes de Candide sont émouvantes parce que l'on sent qu'elles ont été versées par Voltaire. Le lecteur partage aussi la colère du jeune homme lorsque le frère de Cunégonde lui refuse le droit d'épouser une noble (chap. 14, 29-30) ; cette colère est d'ailleurs aussi celle de Voltaire, roturier ambitieux, confronté à par la place conservée, au XVIIIe siècle, par les nobles.

Les subtilités de *Candide*

Voltaire va donc très loin dans l'utilisation habile des différentes formes d'énonciation. En fait, il les alterne et les mêle sans cesse.

L'apparente objectivité apportée par la focalisation zéro est constamment bafouée par la façon tendancieuse dont le narrateur présente les événements. L'incompréhension de Candide face aux contradictions du monde envahit le récit, et renforce donc la facilité du lecteur à s'étonner et se révolter comme le héros. L'évocation de l'autodafé est exemplaire à cet égard. Il est raconté comme s'il était vécu par Candide, qui ne reconnaît pas, dans les « deux Portugais qui en mangeant un poulet en avaient arraché le lard [...] », l'interdit religieux qui motive un tel châtiment (chap. 6). Ainsi éclate le contraste entre la banalité de l'acte et la gravité de la punition. Le procédé est constant.

Ailleurs, tout est mêlé : c'est un personnage qui condamne sans en avoir l'air une situation que le narrateur expose avec la plus grande objectivité. Cacambo vante à Candide le royaume des jésuites au Paraguay : « C'est une chose admirable que ce gouvernement [...] Los Padres y ont tout, et les peuples rien. [...] ; cela me ravit » (chap. 14). L'enthousiasme du valet, que l'on sait bon et charitable, sonne faux : ici c'est l'auteur qui est ironique et qui condamne l'inégalité instaurée par les jésuites. Plus loin, le narrateur observe qu'« un excellent déjeuner était préparé dans des vases d'or ; et tandis que les Paraguains mangèrent du maïs dans des écuelles de bois, en plein champ, à l'ardeur du soleil ». Il ne fait aucun commentaire, mais la description était préparée par les paroles de Cacambo, ainsi que le jugement que le lecteur ne peut manquer de porter sur cette injustice.

Au chapitre 19, la description (« il manquait à ce pauvre homme la jambe gauche »), les paroles du nègre (« C'est à ce prix que vous mangez du sucre en Europe ») et le désespoir de Candide (« Il versait des larmes en regardant son nègre ») s'allient pour révolter le lecteur contre le sort réservé aux esclaves.

Voltaire fait dans *Candide* un usage particulièrement complexe et efficace de tous les procédés de focalisation et d'énonciation. Cette habileté a une grande part dans l'admiration que soulève le conte pour son style et sa force satirique.

12 L'impact culturel de Candide

Candide fut un succès à sa parution et passe aujourd'hui pour l'un des sommets de la littérature française. Le regard du public a cependant changé. Après avoir pesé sur les principales polémiques du XVIIIe siècle, le conte a connu un oubli relatif. Au XXe siècle, le contenu de la satire redevient plus que jamais actuel, mais l'essentiel de l'admiration va au style.

1. LA PORTÉE DE «CANDIDE» AU XVIIIe SIÈCLE

Un immense succès

À la mi-janvier 1759, *Candide* paraît anonymement à Paris, Londres et Amsterdam. À la fin de l'année, on dénombre vingt éditions françaises, quatre traductions anglaises, une italienne.

La censure réagit vite à l'insolence du livre : on saisit des exemplaires à Paris, et les pasteurs protestants de Genève condamnent l'œuvre dès 1759, car remplie « de principes dangereux » et « tendant à la dépravation des mœurs ». Les catholiques la condamnent à Rome en 1762. Comme souvent à l'époque, un anonyme, peut-être l'abbé Guyon, publie une réfutation des thèses de *Candide* (*L'Oracle des nouveaux philosophes,* 1760).

Pour se protéger, Voltaire prétend ne pas être l'auteur de ce qu'il appelle dans ses lettres une « coïonnade », bien que tout le monde reconnaisse son style. Cependant, sensible aux critiques, il remanie, en 1761, le chapitre 22 sur Paris. On compte, de 1759 à sa mort en 1778, une cinquantaine d'éditions et de contrefaçons. Des imitateurs avides de succès publient des suites, sous le titre *Nouvelles aventures de Candide*.

Une œuvre au cœur des polémiques

Comment expliquer ce retentissement ? *Candide* traite violemment de problèmes religieux et philosophiques essentiels à cette époque.

« Mangeons du jésuite ! » s'exclament les Oreillons anthropophages (chap. 16). Peu après la parution, le duc de La Vallière informait Voltaire, dans une lettre, que cette phrase audacieuse était passée en proverbe chez les ennemis de ces religieux, dont les abus et l'intolérance scandalisaient (voir p.17 la question 3 : « Religion et intolérance »). Certains ont dit que les attaques de *Candide* avaient contribué à l'expulsion des jésuites de France en 1762.

L'optimisme de Leibniz et de ses disciples fut également mis à mal par la satire du personnage de Pangloss (voir p.11 la question 2 sur l'optimisme). Le conte eut un rôle dans le combat de Voltaire contre ce mouvement philosophique, représenté surtout par Jean-Jacques Rousseau.

En matière de critique religieuse et sociale, de réflexion scientifique ou métaphysique, *Candide* pesa sans doute autant que l'*Encyclopédie*, somme impressionnante des nouvelles idées, mais peu accessible au grand public. Un célèbre mot de Lord Chesterfield à son fils, qui lui demandait s'il fallait acheter l'*Encyclopédie*, résume le pouvoir vulgarisateur du conte : « Vous l'achèterez, mon fils, et vous vous assierez dessus pour lire *Candide*. »

Le passage du nègre de Surinam, notamment la phrase : « C'est à ce prix que vous mangez du sucre en Europe » (chap. 19), contribua également à la lutte contre l'esclavage, au même titre que *L'Esprit des lois* de Montesquieu (1748, Livre 15, chap. 5) ou les *Réflexions sur l'esclavage des Nègres* de Condorcet (1781).

Influence sur la Révolution

Les revendications sociales incluses dans le conte participèrent en outre au climat qui conduisit en 1789 à la Révolution française. Le personnage de Candide subit les brimades des nobles pour qui les quartiers de noblesse surpassent le mérite personnel. Son père, « un bon et honnête gentilhomme », n'a pu se marier avec la sœur du baron, parce qu'il n'avait « pu trouver que soixante et onze quartiers » (chap. 1). À son tour, Candide ne peut épouser Cunégonde, car il est méprisé par son père (chap. 1) et son frère (chap. 15, 29). La révolte finale de Candide, qui chasse son futur beau-frère (chap. 30), annonce la grande tirade du *Mariage de Figaro* (Acte 5, scène 3), où Beaumarchais critique avec violence, en 1784, l'ordre social qui donne tout aux nobles et rien aux autres. *Candide* est une des œuvres de Voltaire qui lui valurent l'admiration des révolutionnaires.

2. L'ACTUALITÉ DE LA SATIRE DU XIXe AU XXe SIÈCLE

Une postérité tardive

Voltaire pensait survivre par ses tragédies, écrites dans le goût classique du XVIIe siècle, selon des règles qui lui semblaient l'apogée de l'art. Il jugeait les contes comme un genre secondaire, voué à l'oubli rapide.

Les romantiques furent insensibles à une ironie dans laquelle ils voyaient, à tort, un manque de sensibilité. Mme de Staël, dans son ouvrage : *De l'Allemagne* (3e partie, chap. 4, 1810), se dit choquée par la « gaîté infernale » de *Candide*. Les manuels scolaires et les critiques littéraires, jusqu'au début du XXe siècle, ne retiennent que les pièces et les essais historiques de Voltaire.

Pourtant *Candide* fut régulièrement réédité, jamais oublié, souvent illustré par de grands artistes, comme Jean-Michel Moreau (1836) ou Paul Klee (1911). Gustave Flaubert, dans une lettre du 7 juin 1844 à Louise de Cormerin, dit son admiration pour la leçon de sagesse donnée par le conte, cette fin « bête comme la vie » : « La fin de *Candide* est pour moi la preuve criante d'un génie de premier ordre ». Mais Gustave Flaubert fut un précurseur de la mentalité moderne, l'un des premiers à sentir la force de *Candide* pour la remise en cause de la condition humaine. *L'Éducation sentimentale* (1869) est un roman d'éducation sur les illusions amoureuses ou sociales ; *Bouvard et Pécuchet* (1881) est un panorama exhaustif et cinglant de la bêtise.

Un renouveau après 1945

Les drames des deux guerres mondiales provoquèrent une crise des consciences contre l'intolérance et la fureur guerrière proche de celle qui saisit Voltaire au XVIIIe siècle devant l'Inquisition et la guerre de Sept Ans.

Dans la revue *Confluences* (n°1, janvier 1945), Julien Benda remarque que « Les hommes auxquels s'attaque Voltaire sont surtout venus après lui, ils sont en grande partie nos contemporains ». Voltaire prévoyait-il les conflits mondiaux, le nazisme et le totalitarisme soviétique ? Certainement pas, mais il dénonçait les causes et les manifestations de ces attitudes destructrices.

Contrairement aux romantiques, les hommes du XXe siècle sont sensibles au caractère pathétique de la vision du monde exprimée par Voltaire. Là où nos ancêtres ne voyaient qu'une critique trop féroce des vices humains, nous reconnaissons le sentiment d'absurdité qui saisit devant l'accumulation des malheurs et des maux dus à la nature et aux hommes.

Il n'est donc pas étonnant que *Candide* ait influencé *Charlot soldat* de Charlie Chaplin (1918) et les premières pages du *Voyage au bout de la nuit* (1932) ou de *Casse-pipe* (1952) de Louis-Ferdinand Céline. Au début de ce film muet et de ces deux romans, un jeune homme naïf découvre les horreurs de la guerre 14-18, comme Candide au chapitre 3. Plus récemment, *La Plaisanterie* de Milan Kundera (1963), montrait un naïf plongé dans l'horreur de l'univers stalinien en république tchèque.

À ces reprises partielles s'ajoutent, dans les années 1950-70, de nombreuses œuvres critiques ainsi que des adaptations cinématographiques ou théâtrales. Se succèdent, sous le titre de *Candide*, un opéra de Léonard Bernstein (1956), un film de Norbert Carbonneaux (1960), un téléfilm de Pierre Cardinal (1962), une pièce de Serge Ganzl (1977). L'Italien Leonardo Sciascia écrit, en 1978, une imitation adaptée à notre siècle, *Candido ou un rêve fait en Sicile*. En 1994, le dessinateur Wolinski publie une édition illustrée de *Candide*.

3. LA POSTÉRITÉ ESTHÉTIQUE

Le rythme

« Que retenez-vous de Voltaire ? », demanda Bernard Pivot aux lycéens assistant à l'émission « Bouillon de culture » consacrée à cet auteur en mai 1994. Leur réponse fut : « le plaisir de la lecture » plus que le contenu. Cet avis peut surprendre. Cependant, il est partagé depuis longtemps par certains critiques. Si la plupart d'entre eux s'intéressent à « La Religion de Voltaire » (René Pomeau, 1974), ou à « Candide et la question de l'autorité » (Jean Starobinsky, article de 1977), Italo Calvino, dans une préface au conte en 1974, notait que

> Dans *Candide* aujourd'hui, ce n'est pas le conte philosophique qui charme le plus, ni la satire, ni l'élaboration d'une morale et d'une vision du monde ; c'est le rythme.

A cette « vélocité » s'ajoute pour Calvino la « grande trouvaille du Voltaire humoriste », qui « deviendra l'un des effets les plus sûrs du cinéma comique : l'accumulation de désastres à toute vitesse ». Buster Keaton, Charlie Chaplin, Jacques Tati, Woody Allen reprennent cette recette du héros naïf dont les déboires répétés font rire de tous les aspects de la vie.

Le rythme des épisodes de *Candide* rappelle également des procédés utilisés par le journalisme moderne, qu'il soit écrit, oral ou télévisé : rapidité du traitement des thèmes, expressions et images frappantes. Pour Italo Calvino, *Candide* est le modèle d'un « grand reportage sur l'actualité mondiale », une « chronique du Paris mondain et littéraire, avec des "interviews" d'un grand nombre de souverains détrônés ». De 1924 à 1937, exista un journal nommé *Candide*, qui, comme le journal *Le Figaro*, témoigne de l'influence des personnages de Voltaire et Beaumarchais comme modèles de l'insolence politique.

La force de l'ironie et de l'humour

Là où les romantiques voyaient de l'insensibilité, notre époque découvre les moyens artistiques qui expriment le mieux la sienne. La « gaîté » voltairienne est moderne, car le XXe siècle sait, selon la célèbre formule attribuée tantôt à Oscar Wilde ou Jean Giraudoux, tantôt à Boris Vian, que l'humour est « la politique du désespoir ». L'ironie, la caricature apparaissent également comme un moyen de dénoncer les injustices, moyen aussi noble que l'appel solennel et grave aux grands sentiments. L'hebdomadaire *Le Canard enchaîné*, les bandes dessinées de Gérard Lauzier et celles de Claire Bretécher reflètent cette postérité de l'esprit voltairien. Le cinéma y recourt aussi, car cet art se prête aux séquences courtes et aux effets visuels si fréquents dans *Candide*. Le cinéaste Jean-Pierre Mocky (*Un drôle de paroissien*, *Une nuit à l'Assemblée nationale*, etc.) est en ce sens un digne successeur, parce que l'on retrouve chez lui à la fois le rythme, l'ironie et la dénonciation violente de la société. En littérature, les héritiers directs de Voltaire et de *Candide* sont, sans doute, Anatole France, Marcel Aymé et Jules Renard, qui allièrent fiction plaisante et satire mordante. Le premier écrivit ainsi un pamphlet contre la guerre (*L'Ile des Pingouins*, 1908) et un réquisitoire sarcastique contre l'intolérance (*Les Dieux ont soif*, 1912).

La postérité de *Candide* est donc importante et durable, malgré des éclipses. Dans son *Journal* (publié en 1927), Jules Renard, s'amusant à dresser la liste des livres à emporter sur une île déserte, place *Candide* en tête comme le plus indispensable...

LITTÉRATURE

TEXTES EXPLIQUÉS

160 **Apollinaire,** Alcools
131 **Balzac,** Le père Goriot
141/142 **Baudelaire,** Les fleurs du mal / Le spleen de Paris
135 **Camus,** L'étranger
159 **Camus,** La peste
143 **Flaubert,** L'éducation sentimentale
108 **Flaubert,** Madame Bovary
110 **Molière,** Dom Juan
166 **Musset,** Lorenzaccio
161 **Racine,** Phèdre
107 **Stendhal,** Le rouge et le noir
104 **Voltaire,** Candide
136 **Zola,** Germinal

ORAL DE FRANÇAIS

- **12 sujets corrigés**

167 **Baudelaire,** Les fleurs du mal
168 **Molière,** Dom Juan

- **Groupement de textes**

94 La nature : Rousseau et les romantiques
95 La fuite du temps
97 Voyage et exotisme au XIXe siècle
98 La critique de la société au XVIIIe siècle
106 La rencontre dans l'univers romanesque
111 L'autobiographie
130 Le héros romantique
137 Les débuts de roman
155 La critique de la guerre
162 Paris dans le roman au XIXe siècle

HISTOIRE LITTÉRAIRE

114/115 50 romans clés de la littérature française
119 Histoire de la littérature en France au XVIe siècle
120 Histoire de la littérature en France au XVIIe siècle
139/140 Histoire de la littérature en France au XVIIIe siècle
123/124 Histoire de la littérature et des idées en France au XIXe siècle
125/126 Histoire de la littérature et des idées en France au XXe siècle
128/129 Mémento de littérature française
151/152 Le théâtre

FORMATION

EXPRESSION ÉCRITE ET ORALE

306 Trouvez le mot juste
307 Prendre la parole
310 Le compte rendu de lecture
311/312 Le français sans faute
323 Améliorez votre style, tome 1
365 Améliorez votre style, tome 2
342 Testez vos connaissances en vocabulaire
426 Testez vos connaissances en orthographe
390 500 fautes de français à éviter
391 Écrire avec logique et clarté
398 400 citations expliquées
415/416 Enrichissez votre vocabulaire
424 Du paragraphe à l'essai

LE FRANÇAIS AUX EXAMENS

422/423 Les mots clés du français au bac
303/304 Le résumé de texte
417/418 Vers le commentaire composé
313/314 Du plan à la dissertation
324/325 Le commentaire de texte au baccalauréat
394 L'oral de français au bac
421 Pour étudier un poème

BONNES COPIES DE BAC

317/318 Bonnes copies Le commentaire composé
319/320 Bonnes copies Dissertation, essai
363/364 Bonnes copies, Technique du résumé et de la discussion

---

Imprimé en France par l'Imprimerie Hérissey - 27000 Évreux
Dépôt légal : 9560 - Janvier 1995 - N° d'impression : 67730